기초 영문법을
UPGRADE
하다!

한국에서 유일한 NEW 기초 3 영문법

한일 지음

IaMbooks

Key Features

한국에서 유일한 New 기초 영문법 3

구성과 특징

Learning Golas

무엇에 대해서 배우는지 그리고 학습자가 반드시 해내야 하는 학습 목표를 미리 알려 줍니다. 학습을 마친 후에는 이 학습 목표를 다시 확인해 봄으로써 자신의 학습 정도를 파악할 수 있습니다.

More View

더 많은 예문을 보여줌으로써 관련 문법을 정확히 이해하게 만드는 곳입니다. 많은 예문을 읽고 외우는 것은 문법을 공부하는 데 대단히 중요합니다.

Tip

이 간단한 Tip이 고민하는 시간을 줄여 주고 해당 문장을 더 오래 기억하게 도와줍니다. 아울러 참고할 정보도 알려 줍니다.

Grammar Package

알아야 할 문법을 정리해서 보여 주고 있으며, 해당 문법에 대한 보충 설명도 해 주고 있습니다.

2

Grammar Knowledge

문법에 대한 시야를 넓혀 주는 곳입니다. 기존의 전통적인 문법에서 사용하는 용어에 대한 설명, 그리고 해당 문법의 배경, 역사, 견해 차이 등의 지식 같은 것을 담고 있습니다.

Grammar Check

강의에서 배운 문법 요점을 문답 형식을 통해 학습자 스스로 정리할 수 있도록 도와줍니다. 핵심을 이해하고 오래 기억하는 데 도움을 줍니다.

Comprehension Quiz

배운 내용을 문제를 통해서 확인해 보는 곳입니다. 응용문제 풀이는 핵심적인 것들을 기억에 새길 수 있도록 해 주고 앞에서 배운 문법 내용을 자연스레 정리할 수 있게 도와줍니다.

Reading & Writing Practice

단순히 문법을 학습하는 것에만 그치지 않고 배운 문법을 활용하여 읽고 쓸 수 있어야 진정한 영어 실력이라 할 수 있습니다. 그러한 실질적인 실력을 가지기 위해서 연습해 보는 부분입니다.

Table of Contents

목차

Lecture 1 '진행'의 뜻 '~하는 중이다'는 어떻게 표현할까? 9
1. 현재분사는? 10
2. be 동사는? 11
3. 'be 동사+-ing'의 이름 11
4. 진행형(be 동사+-ing) 문장을 만드는 순서 12
5. '진행형'과 '현재형'의 시간 차이 13
6. '진행형+부연 설명' 14
Comprehension Quiz 17
Reading & Writing Practice 18

Lecture 2 '진행'과 '완료'를 나타내는 기호 19
1. '현재분사'와 '과거분사'의 의미 차이 20
2. 시제와 분사의 밀접한 관계 20
3. 동사 'have'의 네 가지 종류와 의미 21
4. 과거분사와 만나는 동사 'have' 21
5. '과거분사=형용사' 23
6. 'have+과거분사'의 이름 24
7. 분사가 영향을 미치는 문법 26
8. 시제를 나타내는 기호 27
9. 문장 속 시제의 형태 파악 28
Comprehension Quiz 32
Reading & Writing Practice 34
QnA 독자의 질문 35

Lecture 3 영어의 '12시제' 43
1. 영어의 '12시제'의 형태와 표현법 44
Comprehension Quiz 49
Reading & Writing Practice 51

Lecture 4 Common Mistakes – 시제와 관련한 흔한 실수들 53
1. Common Mistake 1 54

2. Common Mistake 2 ··· 55
3. Common Mistake 3 ··· 56
4. Common Mistake 4 ··· 56
Comprehension Quiz ··· 58
Reading & Writing Practice ··· 60

Lecture 5 | 영어로 길게 쓴다? — 61

1. 영어로 문장을 길게 쓰기 위한 밑바탕 ································· 62
2. 명사 앞에 쓰여서 명사의 의미를 도와주는 형용사 ················ 62
3. Explosive Effect ·· 63
4. Big Bang Effect ·· 64
Comprehension Quiz ··· 66
Reading & Writing Practice ··· 68

Lecture 6 | 문장의 수준을 높이는 네 단계 — 69

1. 영어로 길게 쓰고 싶다면 한 곳에 모으라 ····························· 70
2. 끼워 넣는 문법의 특징 ··· 70
3. 명사 뒤에 문장 끼워 넣기 ·· 72
Comprehension Quiz ··· 75
Reading & Writing Practice ··· 77

Lecture 7 | 주격 관계대명사 'that' — 79

1. 명사 뒤에 문장을 끼워 넣는 두 가지 방법 ··························· 80
2. 주어의 반복을 피하는 '주격 관계대명사 that' ······················ 81
Comprehension Quiz ··· 84
Reading & Writing Practice ··· 86

Lecture 8 | 선행사와 관계사 — 87

1. 선행사: 명사 ·· 88
2. 관계대명사 that이 있는 형용사절 만들기 ······························ 88
3. 선행사에 따른 관계사의 종류 ··· 89
Comprehension Quiz ··· 93

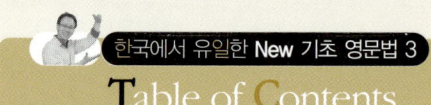

Reading & Writing Practice ·· 95

Lecture 9 | 형용사절과 형용사구 97

1. 명사 뒤에 형용사절을 끼워 넣은 문장 98
2. 형용사절을 짧게 줄인 문장 98
3. be 동사를 포함한 형용사절 100
4. 형용사절을 형용사구로 고치고 형용사만 남는 경우 101
5. 형용사절을 형용사구로 고치고 '전치사구'가 남는 경우 101
   (=가장 빈도수 높은 단어 배열이 되는 경우)
6. 형용사절 안에 독립적인 자체 주어가 있는 경우 102
7. 일반 동사를 포함한 형용사절 103
8. 형용사절을 형용사구로 고치기 105
9. 형용사절을 형용사구로 고칠 수 없는 경우 107
   Comprehension Quiz 109
   Reading & Writing Practice 111

Lecture 10 | 문장 속 형용사절의 활용 113

1. 형용사절을 형용사구로 고치는 '배경적인' 설명과 '문법적인' 설명 114
2. 형용사절을 쓴 후 문장이 겪는 변화 115
   Comprehension Quiz 120
   Reading & Writing Practice 122

Lecture 11 | 명사 자리에 문장(=명사 역할을 하는 문장) 쓰기 123

1. 명사절의 정의 124
2. 명사절의 시작을 알리는 단어 126
3. 명사절의 위치 127
   Comprehension Quiz 130
   Reading & Writing Practice 132

Lecture 12 | 명사절을 만드는 방법 133

1. 명사절을 만드는 방법 134
   Comprehension Quiz 137

Reading & Writing Practice 139

Lecture 13 '가정하는 방법 = 가정법'   141

1. 가정할 때 쓰는 말투 142
2. 가정법 현재 142
3. 가정법 과거 143
Comprehension Quiz 148
Reading & Writing Practice 150

Lecture 14 가장 많이 쓰는 단어 'the'   151

1. 통틀어서 말할 때 쓰는 'the' 152
2. 발명품 앞에 쓰는 'the' 152
3. 모든 악기의 이름 앞에 쓰는 'the' 153
4. 앞에서 언급한 단어를 지칭할 때 쓰는 'the' 154
5. 공공의 개념이 들어 있는 단어 앞에 쓰는 'the' 154
6. 강조를 나타내는 'the' 155
7. 문장 속 'the'의 활용 156
Comprehsneion Quiz 158
Reading & Writing Practice 160

Lecture 15 'do'에서 발생한 문법   161

1. 명사의 동사화 162
2. 동사의 발전 163
3. 평서문 163
4. 강조문 164
5. 의문문 165
6. 부정문 165
Comprehension Quiz 167
Reading & Writing Practice 169

Answer Key 171

Lecture 01

'진행'의 뜻 '~하는 중이다'는 어떻게 표현할까?

 Learning Goals

be 동사 뒤에 쓸 수 있는 세 가지 문법에 대해서 살펴보자.

'~하는 중이다'라는 뜻의 현재진행형으로 쓰기 위해서 필요한 두 개의 단어에 대해서 살펴보자.

be 동사가 진행형의 종류에 미치는 영향에 대해서 살펴보자.

진행형 문장을 만드는 순서에 대해서 살펴보자.

---

be 동사는 '~이다, 있다, ~이(가) 되다'라는 의미를 지니고 있으며, 주어의 인칭과 시제에 따라 여섯 개의 형태(be, am, are, is was, were)로 쓰인다. 현재분사는 현재 동사의 부분으로 만든 새로운 단어로서 형용사의 일종이다. 이미 존재하는 이 '현재분사(-ing)'가 'be 동사'와 결합하여 '~하는 중이다'라는 새로운 의미가 만들어진다.

'진행'의 뜻 '~하는 중이다'는 어떻게 표현할까?

1. 현재분사는?

현재분사는 현재 동사 뒤에 '-ing(~하는)'를 붙여서 만들 수 있다. 즉, 현재분사는 현재(present) 동사의 부분(part)으로 만든 새로운 단어(형용사)이다.

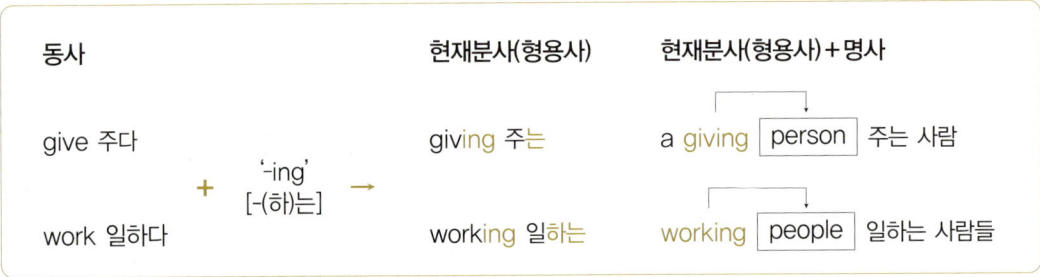

More View

동사		현재분사(형용사)		현재분사(형용사)+명사	
① pull	당기다	pulling	당기는	pulling hands	당기는 손들
② type	타이핑을 하다	typing	타이핑을 하는	a typing man	타이핑을 하는 남자
③ move	움직이다	moving	움직이는	a moving car	움직이는 자동차
④ fly	날다	flying	나는	flying objects	나는 물체들
⑤ fall	떨어지다	falling	떨어지는	falling leaves	떨어지는 잎들
⑥ smile	웃다, 미소 짓다	smiling	웃고 있는, 미소 짓는	smiling children	웃고 있는 아이들
⑦ check	검사하다	checking	검사하는	checking machines	검사하는 기계들

＊이와 같은 경우 checking이 동명사(검사 기계들)인지 현재분사인지 논쟁의 여지가 있다.

⑧ study	공부하다	studying	공부하는	studying students	공부하는 학생들
⑨ watch	지켜보다	watching	지켜보는	watching dogs	지켜보는 개들

＊이와 같은 경우 watching이 동명사(경비견들)인지 현재분사인지 논쟁의 여지가 있다.

⑩ boil	끓다	boiling	끓는	boiling anger	끓는 분노

※ 동명사인지 현재분사인지 논쟁과 관련해선 2권의 Lecture 12(생활 속의 분사 활용)를 참고하길 바란다.

2. be 동사는?

(1) be 동사의 개수는 'be, am, are, is, was, were' 여섯 개이다.

(2) 영어에서 가장 빈도수 높은 문장의 단어 배열 '명사+동사+명사 / 전치사+명사'에서 동사 자리에 be 동사를 쓰면 '명사+be 동사+(명사, 형용사) / 전치사+명사'가 된다. 말하자면, be 동사 뒤에 '명사'나 '형용사'를 쓰거나 또는 바로 '전치사+명사'를 붙일 수도 있다. 이를 다음과 같이 정리할 수 있다. 꼭 기억해 두자.

TIP 현재분사는 형용사의 일종이다. 그러므로 현재분사 앞에 be 동사를 쓸 수 있다.

3. 'be 동사+-ing'의 이름

현재분사는 현재 동사의 철자의 부분으로 만든 '형용사'이다. 형용사는 be 동사 뒤에 쓸 수 있는 말이다. 그러므로 be 동사와 현재분사(형용사)가 결합하여 하나의 말이 만들어지는 현상은 자연스러운 일이라고 볼 수 있다.

영어권 사람들이 'be 동사+현재분사(-ing)(형용사)' 형태의 말을 계속해서 사용하면서 '진행형'이라는 문법적인 이름이 만들어지게 되었다. 우선 '진행형'은 be 동사의 시제가 과거 또는 현재인지에 따라 'be 동사의 과거형(was/were)+-ing' 형태의 과거진행형(~하는 중이었다/~하고 있었다)과 'be 동사의 현재형(am/are/is)+-ing' 형태의 현재진행형(~하는 중이다/~하고 있다)으로 구분할 수 있다.

You are studying. 너는 공부하는 중이다.[너는 공부하고 있다.]
▶ be 동사 현재형 + -ing → 현재진행형

You were studying. 너는 공부하는 중이었다.[너는 공부하고 있었다.]
▶ be 동사 과거형 + -ing → 과거진행형

4 진행형(be 동사 + -ing) 문장을 만드는 순서

1단계 동사 원형에 '-ing'를 붙여서 현재분사로 만든 후 '현재분사(-ing)+명사' 형태로 쓴다.

[e.g.] 동사 work 일하다

현재분사 working 일하는

현재분사+명사 working people 일하는 사람들

2단계 '-ing+명사' 형태에서 명사를 주어로 쓰고, 주어에 알맞은 be 동사를 사용해서 문장을 만든다.

[e.g.] 진행형 People are working. 사람들이 일하는 중이다.[사람들이 일하고 있다.]

▶ be 동사 현재형 + -ing → 현재진행형

진행형 People were working. 사람들이 일하는 중이었다.[사람들이 일하고 있었다.]

▶ be 동사 과거형 + -ing → 과거진행형

More View

① 동사 wait 기다리다

현재분사 waiting 기다리는

현재분사+명사 waiting customers 기다리는 손님들

진행형 Customers are waiting. 손님들이 기다리는 중이다.[손님들이 기다리고 있다.]

▶ be 동사 현재형 + -ing → 현재진행형

진행형 Customers were waiting. 손님들이 기다리는 중이었다.[손님들이 기다리고 있었다.]

▶ be 동사 과거형 + -ing → 과거진행형

② 동사 surprise 놀라게 하다

현재분사 surprising 놀라게 하는

현재분사+명사 surprising results 놀라게 하는 결과들(놀라운 결과들)

진행형 Results are surprising. 결과들이 놀라게 한다.(결과들이 놀랍다.)

▶ be 동사 현재형 + -ing → 현재진행형

진행형 Results were surprising. 결과들이 놀라게 하였다.(결과들이 놀라웠다.)

▶ be 동사 과거형 + -ing → 과거진행형

③ 동사 control 통제하다

현재분사 controlling 통제하는

현재분사+명사 controlling programs 통제하는 프로그램들

진행형 Programs are controlling. 프로그램들이 통제하는 중이다.[프로그램들이 통제하고 있다.]

▶ be 동사 현재형 + -ing → 현재진행형

진행형 Programs were controlling. 프로그램들이 통제하는 중이었다.[프로그램들이 통제하고 있었다.]

▶ be 동사 과거형 + -ing → 과거진행형

④ 동사 highlight 강조하다
현재분사 highlighting 강조하는
현재분사+명사 highlighting marks 강조하는 표시들
진행형 Marks are highlighting. 표시들이 강조하는 중이다.[표시들이 강조하고 있다.]
　　▶ be 동사 현재형 + -ing → 현재진행형
진행형 Marks were highlighting. 표시들이 강조하는 중이었다.[표시들이 강조하고 있었다.]
　　▶ be 동사 과거형 + -ing → 과거진행형

⑤ 동사 cheat 속이다
현재분사 cheating 속이는
현재분사+명사 cheating magicians 속이는 마술사들
진행형 Magicians are cheating. 마술사들이 속이는 중이다.[마술사들이 속이고 있다.]
　　▶ be 동사 현재형 + -ing → 현재진행형
진행형 Magicians were cheating. 마술사들이 속이는 중이었다.[마술사들이 속이고 있었다.]
　　▶ be 동사 과거형 + -ing → 과거진행형

⑥ 동사 return 돌아오다
현재분사 returning 돌아오는
현재분사+명사 returning students 돌아오는 학생들
진행형 Students are returning. 학생들이 돌아오는 중이다.[학생들이 돌아오고 있다.]
　　▶ be 동사 현재형 + -ing → 현재진행형
진행형 Students were returning. 학생들이 돌아오는 중이었다.[학생들이 돌아오고 있었다.]
　　▶ be 동사 과거형 + -ing → 과거진행형

⑦ 동사 check 점검하다
현재분사 checking 점검하는
현재분사+명사 checking officers 점검하는 관리자들
진행형 Officers are checking. 관리자들이 점검하는 중이다.[관리자들이 점검하고 있다.]
　　▶ be 동사 현재형 + -ing → 현재진행형
진행형 Officers were checking. 관리자들이 점검하는 중이었다.[관리자들이 점검하고 있었다.]
　　▶ be 동사 과거형 + -ing → 과거진행형

5. '진행형'과 '현재형'의 시간 차이

현재형은 장기간의 일, 행동, 상황, 습관을 나타내는 반면, 진행형은 어느 한 순간의 멈추지 않고 계속 이어지는 일, 행동, 상황을 나타낸다. 그러므로 현재형보다 더 생동감 있는 표현을 전달할 수 있다.

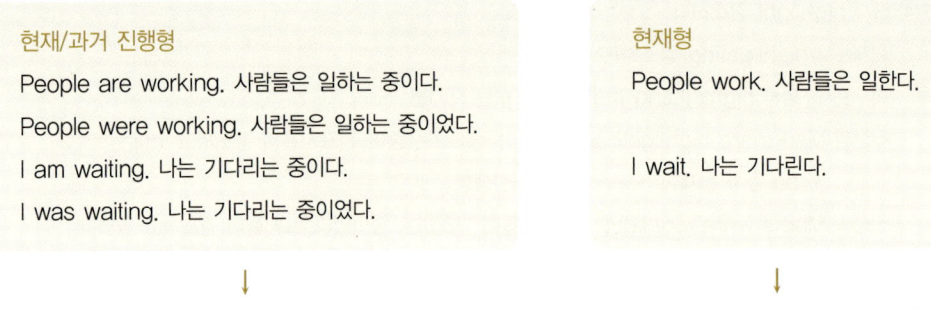

Grammar Package

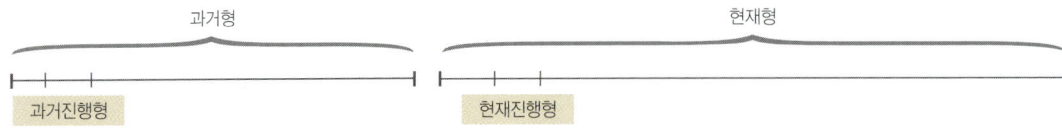

진행형은 어떤 일이 일어나고 있는 어느 한 순간을 표현하는 시제로서 그 일의 전체적인 상황보다는 순간적인 상황을 표현하기에 유리하다.

6 '진행형 + 부연설명'

'전치사+명사'는 전체 문법에 직접적인 영향을 주지 않는 부연 설명으로서 문장에 끼워 넣을 수 있으며, 문장을 더 길게 만들어 주는 데 매우 효과적이다.

(1) 우리는 공부하는 중이다.

→ We are studying.

우리는 영어를 공부하는 중이다.

→ We are studying English.

우리는 이번 학기에 영어를 공부하는 중이다.

→ We are studying English for/in this semester.

(2) 나는 생각하는 중이야.

→ I am thinking.

나는 그 사람에 대해서 생각하는 중이야.

→ I am thinking about the man.

(3) 우리는 애쓰고 있는 중이야.
→ We are trying.

우리는 끝내기 위해서[끝내려고] 애쓰고 있는 중이야.
→ We are trying to in order to finish.

(4) 그가 대답하고 있는 중이다.
→ He is answering.

그가 그 질문에 대답하고 있는 중이다.
→ He is answering the question.

그가 망설임 없이 그 질문에 대답하고 있는 중이다.
→ He is answering the question without hesitation.

(5) 나는 확인하고 있는 중이야.
→ I am checking.

나는 답을 확인하고 있는 중이야.
→ I am checking the answer.

나는 그 시험의 답을 확인하고 있는 중이야.
→ I am checking the answer in the test.

(6) 그들은 운동하고 있는 중이야.
→ They are exercising.

그들은 체육관에서 운동하고 있는 중이야.
→ They are exercising in the gym.

그들은 체육관에서 다음 경기를 위해서 운동하고 있는 중이야.
→ They are exercising in the gym for the next game.

(7) 그 여자가 오고 있어.
→ The woman is coming.

빨간 티셔츠를 입은 그 여자가 오고 있어.
→ The woman with a red T-shirt is coming.

빨간 티셔츠를 입은 그 여자가 나에게 오고 있어.
→ The woman with a red T-shirt is coming to me.

Grammar Check

1. '~하는 중이다'라고 말하기 위해서 필요한 두 개의 단어는?
2. '~하는 중이다'라고 해석되는 말투를 문법적으로 무엇이라고 부를까?
3. 진행형은 be 동사가 현재형이냐, 과거형이냐에 따라 _____ 과 _____ 이 있다.
4. 현재분사가 없었다면 진행형은 생기지 않았을 문법이다. Ⓣ | Ⓕ
5. '진행형'은 이미 기존에 있던 문법과 상관없이 생겨난 문법이다. Ⓣ | Ⓕ
6. 현재분사와 진행형은 둘 다 내용상 '진행'의 의미를 담고 있다. Ⓣ | Ⓕ
7. 현재분사와 진행형처럼 어느 한쪽이 없이는 다른 한쪽을 제대로 쓰거나 만들 수 없을 만큼 서로 연결되어 있는 문법을 부르는 이름은?

Comprehension Quiz

1 다음 중 문법이 다른 하나를 고르세요.
   ① I was taking care of the children.
   ② I am trying to be nice to you.
   ③ They are working people.
   ④ It is happening again.

2 다음 중 be 동사 뒤에 쓸 수 없는 것은?
   ① a rainbow   ② ran   ③ bright   ④ hugging

3 다음의 말을 영어로 옮길 때 가장 적절한 것을 고르세요.

   > 입에 군침이 돌아.

   ① My mouth was watering.
   ② My mouth watered.
   ③ My mouth is watering.
   ④ My mouth waters.

4 다음 중 'to buy tickets'가 들어갈 수 있는 자리를 모두 고르세요.

   > (A) I was (B) waiting (C) in line (D).

   ① (A), (C)   ② (B), (C)   ③ (C), (D)   ④ (A), (D)

5 다음 문장의 빈칸에 들어갈 말로 적절한 것을 고르세요.

   > She _____ me a wink.
   > 그녀가 나에게 윙크를 하고 있어.

   ① is giving   ② was giving   ③ is given   ④ was given

6 다음 중 진행형 문장은?
   ① Who is going to try at first?
   ② Everything is going all right.
   ③ Something is going to happen.
   ④ Why do you think they are going to come?

Reading & Writing Practice

[1~5] 다음 문장을 해석해 보세요.

1. I am trying to help you.
   _____

2. You are keeping something behind you.
   _____

3. I am working as usual for you and our better future.
   _____

4. It is growing very fast.
   _____

5. Are you making fun of me?
   _____

[6~9] 다음 문장을 영어로 옮기세요.

6. 하루 종일 비가 오고 있어요. (현재진행)
   _____

7. 계속해, 나 듣고 있는 중이야. (현재진행)
   _____

8. 너는 내 걸 먹고 있어. (현재진행)
   _____

9. 나는 여전히 생각 중이에요. (현재진행)
   _____

Lecture 02

'진행'과 '완료'를 나타내는 기호

 Learning Goals

'현재분사'와 '과거분사'가 나타내는 의미의 차이에 대해서 살펴보자.

분사가 시제에 미치는 영향을 살펴보자.

동사 'have'의 네 가지 종류와 의미에 대해서 살펴보자.

'have + 과거분사'가 어떻게 쓰이는지 알아보자.

완료형 문장을 만드는 순서에 대해서 살펴보자.

동사 'have'가 완료형의 종류에 미치는 영향에 대해서 살펴보자.

현재분사는 be 동사와 합쳐져서 '~하는 중이다'라는 뜻의 진행형이 된다. 그럼 이제 과거(past) 동사의 부분(part)으로 만들어진 새로운 단어 과거분사(-당한/-된/-어진)는 영어의 시제에 어떠한 영향을 미치는지에 대해 알아보자.

'진행'과 '완료'를 나타내는 기호

1. '현재분사'와 '과거분사'의 의미 차이

앞에서 얘기했듯이 현재분사(~하는)는 '진행'의 의미를 지닌 형용사이다. 예를 들어, work(일하다)를 working(일하는), make(만들다)를 making(만드는), help(돕다)를 helping(돕는)으로 바꾸면 '능동·진행'의 의미를 나타낸다. 이러한 현재분사(~하는)가 be 동사(~이다)와 만나서 '~하고 있는 중이다'라는 '진행'의 의미를 전달한다.

이와 달리, 과거분사(~당한/~된/~어진)는 '완료'의 의미를 지닌 형용사이다. 예를 들어, work(일하다, 작업하다)를 worked(작업이 된), complete(완료하다)를 completed(완료된), offer(제공하다)를 offered(제공된)로 바꾸면 '수동·완료'의 의미를 나타낸다. 이러한 과거분사(~당한/~된/~어진)가 be 동사(~이다)와 만나서 '~당하다/~되다/~어지다'라고 해석되며 '완료'의 의미를 전달한다.

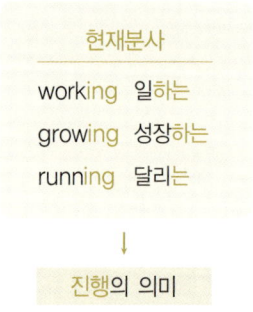
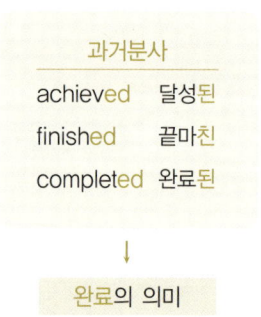

2. 시제와 분사의 밀접한 관계

진행형에는 반드시 '-ing'가 포함되며, 완료형에는 반드시 '-ed'가 포함되어 있다. 그러므로 시제의 이름이 '진행'이라고 되어 있으면 '-ing'가 쓰인 문장이고, '완료'라고 되어 있으면 '-ed'가 쓰인 문장이라고 보면 된다.

현재분사(-ing)	과거분사(-ed)	과거분사(-ed)+현재분사(-ing)
현재진행	현재완료	현재완료진행
과거진행	과거완료	과거완료진행
미래진행	미래완료	미래완료진행

Grammar Package

영어의 12시제 중 2/3에 해당하는 9개의 시제가 분사(현재분사, 과거분사)를 포함하고 있다. 그러므로 분사를 모르면 시제를 이해할 수 없게 된다.

3 동사 'have'의 네 가지 종류와 의미

(1) 일반 동사 가지다, 있다, 먹다 [have+명사]
I have friends. 내겐 친구들이 있다.
I have a snack. 나는 간식을 먹는다.

(2) 사역동사 ~하게 하다, 시키다 [have+사람+동사 원형]
I have him go. 나는 그에게 가도록 시킨다.

(3) 조동사 반드시 ~해야만 하다 [have to+동사 원형]
We have to go. 우리는 가야만 한다.

(3) 현재동사 (현재까지) ~했다 [have+과거분사]
I have finished the work. 나는 (현재까지) 그 일을 끝냈다.

4 과거분사와 만나는 동사 'have'

I have finished the work.
     동사   과거분사

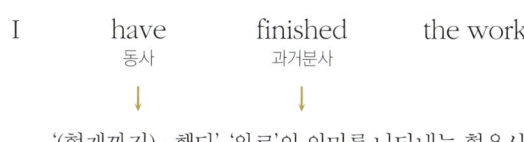

'(현재까지) ~했다' '완료'의 의미를 나타내는 형용사

과거분사 finished는 형용사이다. 'have'가 '(현재까지) ~했다'라는 의미인데 무엇을 했는지 뒤에 있는 과거분사 finished가 알려 준다. 이처럼 뒤에서 뜻을 보충해 주는 말은 be 동사에서 이미 널리 쓰이고 있다.

Grammar Package

I am 나는 ~이다
I am만 봐서는 '~'이 뭔지 알 수가 없다. 그래서 뒤에 오는 단어에 의지하게 된다. 즉, 뒤에 오는 단어에 따라서 이 '~'의 뜻이 결정된다.

I am busy. 나는 바쁘다.
I am lucky. 나는 운이 좋아.

이때 busy, lucky가 형용사임에도 불구하고 해석할 때 마치 동사처럼 느껴진다(바쁘다, 운이 좋아). 그래서 처음 영어를 배우는 사람이 주로 저지르는 실수 중에 하나가 I busy, I lucky처럼 busy나 lucky를 동사처럼 쓰는 것이다. You pretty, She smart, He working 같은 실수는 모두 불완전한 뜻을 가진 be 동사가 완전한 뜻을 전달하기 위해서 뒤에 필요한 단어를 가지면서 그 뒤쪽 단어에 의미적으로 흡수되어 버리기 때문에 일어나는 실수이다.

have finished(현재까지 끝냈다)도 마찬가지다. have가 '(현재까지) ~했다'라는 동사인데 이 '~'이라는 내용을 finished라는 뒤쪽 단어에 의지하면서 의미가 흡수되어 버린 것이다. 그래서 과거분사 finished가 마치 동사인 것처럼 해석이 된다.

사실 뒤에 있는 과거 분사 finished는 내용만 전달해 줄 뿐 실제 동사의 역할은 'have'가 하고 있다. 과거분사 finished가 과거 동사와 모양도 같고 동사인 것처럼 해석이 되다 보니까 과거분사 finished가 동사 또는 동사의 일종인 것처럼 보이게 되는 현상이 일어난다. 과거분사 finished는 절대로 동사가 아니다. 형용사이다. 'have+과거분사'가 쓰인 모든 문장에서 과거분사는 '~'을 채워 주는 형용사이다. 실제 동사의 역할은 have가 하고 있다.

I have studied.
I have fixed.
I have waited.

Grammar Knowledge

'have+과거분사'를 보는 전통적인 시각도 있으므로 알아 두자. have를 조동사의 일종으로 보고 과거분사를 변형 동사로 볼 수도 있다.

Grammar Check

1. 영어는 모든 문법의 변화에 표시를 한다.   Ⓣ | Ⓕ
2. 영어는 '진행'인지 '완료'인지도 표시를 한다. '진행'인지 '완료'인지를 표시하는 대표적인 기호 두 가지는?
3. 영어에서 '진행'과 '완료'를 표시하는 대표적인 기호는 특정 시제를 구별할 수 있도록 도와

주며, 이는 시제의 대부분을 구성하고 있다. Ⓣ | Ⓕ

4. 다음 각각의 문법 형태가 '-ing'로 끝날까, '-ed'로 끝날까?

① 현재진행: ② 현재완료: ③ 과거진행:
④ 과거완료: ⑤ 미래진행: ⑥ 미래완료:
⑦ 현재완료진행: ⑧ 과거완료진행: ⑨ 미래완료진행:

5. '과거분사 = 형용사'

과거분사의 모습이 과거 동사와 거의 똑같기 때문에 과거분사를 과거 동사와 혼동하는 경우가 많다.

→ 어떤 일이 '완료'되었음을 나타내기 때문에 '완료형(have+-ed)'을 사용해야 한다. 여기에서 'used'는 동사가 아니라 have의 뜻 '(현재까지) ~했다'에서 '~'의 뜻을 채워 주는 '과거분사(형용사)'이다.

→ 명사 앞에는 형용사를 사용할 수 있다. 과거분사 'used(사용된, 중고의)'는 명사 앞에서 명사를 꾸며 주는 '형용사(과거분사)'의 역할도 한다.

TIP 과거분사를 '(현재까지) ~했다'로 사용할지, 아니면 명사를 꾸며 주는 형용사로 사용할지에 따라서 전달하는 의미가 달라진다. 특히, speaking에서는 전달하고자 하는 의미에 따라 다르게 끊어서 발음해야 한다.
'나는 (현재까지) 자동차를 사용했다.'라는 문장에서는 'have used'를 묶어서 읽어야 하고, '나는 중고 자동차를 가지고 있다.'라는 문장에서는 'used cars'를 묶어서 읽어야 한다.

Grammar Package

과거분사는 동사가 아니라 형용사이기 때문에 두 가지 용법으로 쓸 수 있다.

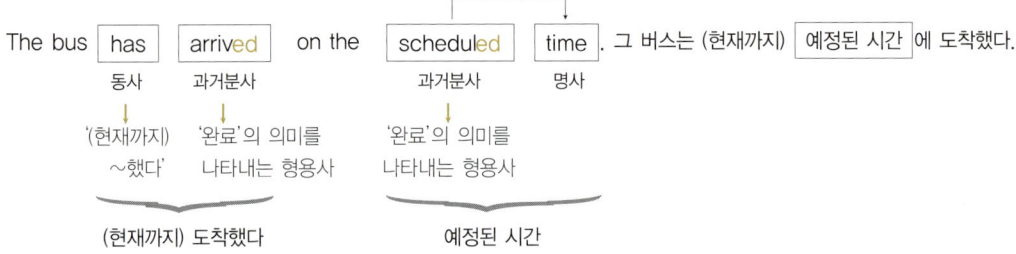

6 'have+과거분사'의 이름

동사 'have'의 시제가 '현재'이고, 뒤에 붙는 과거분사(-ed)가 '완료'의 의미를 나타내기 때문에 이 시제의 문법적인 이름은 현재완료이다. 완료형은 동사 'have'의 시제가 현재(have/has)냐 과거(had)냐에 따라 '현재완료형'과 '과거완료형'으로 구분할 수 있다.

Grammar Package

현재완료 have/has+과거분사 (현재까지) ~했다

I have finished the work. 나는 (현재까지) 그 일을 끝냈다.

과거완료 had+과거분사 (과거에 그때까지) ~했다

I had finished the work. 나는 (과거에 그때까지) 그 일을 끝냈다.

More View

① 나는 (현재까지) ~했다
  → I have . . .
  나는 (현재까지) 페인트칠했다.

→ I have painted.

나는 (현재까지) 문을 페인트칠했다.

→ I have painted doors.

② 그는 (현재까지) ~했다

→ He has . . .

그는 (현재까지) 정했다.

→ He has arranged.

그는 (현재까지) 모임을 정했다.

→ He has arranged the meeting.

③ 그녀는 (현재까지) ~했다

→ She has . . .

그녀는 (현재까지) 타이핑했다.

→ She has typed.

그녀는 (현재까지) 그 보고서를 타이핑했다.

→ She has typed the paper.

④ 우리는 (과거에 그때까지) ~했다

→ We had . . .

우리는 (과거에 그때까지) 도왔다.

→ We had helped.

우리는 (과거에 그때까지) 서로를 도왔다.

→ We had helped each other.

⑤ 그 버스가 (현재까지) ~했다

→ The bus has . . .

그 버스가 (현재까지) 도착했다.

→ The bus has arrived.

그 버스가 (현재까지) 정시에 도착했다.

→ The bus has arrived on time.

Grammar Check

5. 왜 'have' 뒤에 현재분사를 쓰지 않고 과거분사를 쓸까?

6. '(현재까지) ~했다'라고 말하기 위해서 필요한 두 개의 단어는?

7. '(현재까지) ~했다'라고 해석되는 말투를 문법적으로 무엇이라고 부를까?

8. 완료형은 have의 시제가 현재냐 과거냐에 따라서 현재완료형과 과거완료형으로 구분할 수 있다.　　　　　　　　　　　　　　　　　　　Ⓣ | Ⓕ

9. 현재완료형을 만들기 위해서 반드시 있어야 할 두 개의 단어는?
10. 과거분사가 없었다면 완료형은 생기지 않았을 문법이다. Ⓣ | Ⓕ
11. 완료형은 언제 만들어졌을까?
12. 이미 있던 문법을 합한 것이 완료형이다. Ⓣ | Ⓕ
13. 과거분사와 완료형처럼 어느 한쪽이 없이는 다른 한쪽을 제대로 쓰거나 만들 수 없을 만큼 서로 연결이 되어 있는 문법을 부르는 이름은?

7. 분사가 영향을 미치는 문법

분사를 사용하면 진행형, 수동태, 완료형의 문장을 만들 수 있다. 게다가 분사 자체를 형용사로 사용해서 명사를 꾸며줄 수도 있다.

(1) be 동사 + 분사

→ 현재분사(-ing): ~하는(진행)

진행형 ┌ 현재진행형 → am/are/is + 현재분사(-ing)
       └ 과거진행형 → was/were + 현재분사(-ing)

It is changing. 그것은 변하고바뀌고 있다.
I was waiting. 나는 기다리고 있었다.

→ 과거분사(-ed): ~당한/~된/~어진(완료)

수동태 ┌ 현재 수동태 → am/are/is + 과거분사(-ed)
       └ 과거 수동태 → was/were + 과거분사(-ed)

It is changed. 그것은 변경된다[바뀐다].
It was repaired. 그것은 수리되었어요.

(2) have + 과거분사(-ed): ~당한/~된/~어진(완료)

완료형 ┌ 현재완료형 → have/has + 과거분사(-ed)
       └ 과거완료형 → had + 과거분사(-ed)

It has changed. 그것은 바뀌었어요[달라졌어요].

I had saved. 나는 저축을 했었다.

(3) 분사 자체가 '형용사'의 역할을 하는 경우
　　the changed seat 그 바뀐 자리
　　the repaired door 그 수리된 문
　　waiting customers 기다리는 손님들[고객들]
　　twinkling eyes 반짝이는 눈
　　waiting time 기다리는 시간
　　＊ 여기에서 waiting이 동명사인지 현재분사인지 논쟁의 여지가 있다.

8 시제를 나타내는 기호

(1) I $\boxed{am}$ working. 나는 일하고 있는 중이에요. ▶ 현재진행형

(2) He called me. 그는 나를 불렀어요.[그는 나에게 전화했어요.] ▶ 단순 과거형
　　▶ 과거완료 형태(called)가 보이지만 앞에 'have'가 없으므로 'called'는 과거분사가 아니라 단순 과거 동사로 쓰였다는 걸 알 수 있다.

(3) We $\boxed{have}$ talked about this. 우리는 (현재까지) 이것에 대해서 얘기를 했다. ▶ 현재완료형

(4) She $\boxed{was}$ waiting for you. 그녀는 너를 기다리고 있는 중이었어. ▶ 과거진행형

(5) Who will do this? 누가 이것을 할 거니? ▶ 단순 미래형

(6) The bus $\boxed{was}$ running too fast. 그 버스가 너무 빨리 달리고 있는 중이었어요. ▶ 과거진행형

(7) Jim $\boxed{had}$ finished his work. Jim은 (과거에 그때까지) 그의 일을 끝마쳤었어요. ▶ 과거완료형

(8) Everybody $\boxed{will\ have}$ completed the project.
　　모두가 (미래에 그때쯤) 그 프로젝트를 끝낼 거에요. ▶ $\boxed{미래}$ 완료형
　　▶ 영어는 중요한 것을 앞에 나타내므로 will(미래형)과 have completed(현재완료) 중 중요한 주 시제는 미래형이다.

(9) The students |have been| study**ing** English.
그 학생들은 영어를 공부해 오고 있는 중입니다. ▶ |현재완료| 진행형

(10) I |will be| study**ing**. 나는 공부하고 있는 중일 거예요. ▶ |미래| 진행형

(11) I |had been| try**ing** to learn. 나는 배우려고 애쓰고 있는 중이었어요. ▶ |과거완료| 진행형

(12) My friend and I |will have been| enjoy**ing** the movie.
내 친구와 나는 그 영화를 계속해서 즐기고 있는 중일 거예요. ▶ |미래완료| 진행형
▶ 영어는 중요한 것을 앞에 나타내므로 will(미래형)과 have been enjoying(현재완료진행) 중 중요한 주 시제는 미래형이다.

Grammar Check

14. 영어는 모두 몇 개의 시간 개념을 가지고 있을까?
15. 열두 개의 시간 개념은 '-ing'와 '-ed'의 사용에 따라 크게 다시 몇 개로 나눌 수 있을까?
16. 시제를 크게 진행과 완료 두 부분으로 나누는 데 결정적인 역할을 하는 것은?
17. '-ed'로 끝나는 단어가 주요 역할을 하는 시제는?
18. '-ing'로 끝나는 단어가 주요 역할을 하는 시제는?

9 문장 속 시제의 형태 파악

Grammar Package

시제의 형태를 파악하기 위해서는 분사에 대한 이해가 절대적으로 필요하다.
- '진행'의 의미 → 진행형에는 항상 현재분사(-ing)가 있다.
- '완료'의 의미 → 완료형에는 항상 과거분사(-ed)가 있다.

(1) I |am| tak**ing** a swimming course. 나는 수영 강습을 받고 있다.
현재형 be 동사 am + 현재분사 -ing ▶ 현재진행형
* course: 강좌, 강습, 수업, 과목

(2) She is taking the same course.
그녀는 똑같은 강습을 받고 있다.(그녀도 수영 강습을 받고 있다.)
현재형 be 동사 is + 현재분사 -ing ▶ 현재진행형

(3) All the students were demonstrating their skills.
모든 학생들이 자신의 기술을 보여 주고 있었다.
과거형 be 동사 were + 현재분사 -ing ▶ 과거진행형
✽ demonstrate: 보여 주다, 시범을 보이다

(4) Some lucky students will be receiving extra credits.
몇몇 운 좋은 학생들은 가산 점수를 받을 것이다.
미래형 조동사 will + be + -ing ▶ 미래진행형
✽ extra credit: 가산 점수

(5) She has looked at me. 그녀는 나를 바라보았다.
현재형 has + 과거분사 -ed ▶ 현재완료형
✽ look at: 바라보다, 쳐다보다

(6) I have ignored her. 나는 그녀를 무시했다.[못 본 척했다.]
현재형 have + 과거분사 -ed ▶ 현재완료형
✽ ignore: 무시하다, 못 본 척하다

(7) Other students will have continued swimming. 다른 학생들은 수영을 계속할 것이다.
미래형 조동사 will + have + 과거분사 -ed ▶ 미래완료형
▶ 영어는 중요한 것을 앞에 나타내므로 여기에서 중요한 주 시제는 미래형이다.
✽ continue: 계속하다

(8) They have no idea about what is happening.
그들은 무슨 일이 일어나고 있는지에 대해 전혀 모른다.
현재형 be 동사 is + 현재분사 -ing ▶ 현재진행형
✽ what is happening: 무슨 일이 일어나고 있는지

(9) We have been in the swimming pool for almost 3 hours.

우리는 거의 세 시간 동안 수영장 안에 있었다.

현재형 have + 과거분사 been ▶ 현재완료형

✽ almost: 거의 swimming pool: 수영장

(10) Everybody was exhausted. 모든 사람들은 완전히 지쳤다.

과거형 be 동사 was + 과거분사 -ed ▶ 과거 수동태

✽ exhausted: 완전히 지친, 기진맥진한 다 써 버린, 고갈된

(11) The visitors have been watching us.

방문객들이 우리를 (현재까지) 지켜보고 있는 중이다.

현재형 have + 과거분사 been + 현재분사 -ing ▶ 현재완료 진행형

✽ visitor: 방문객 watch: 지켜보다, 주시하다

(12) They had been supporting the physical education course for 25 years.

그들은 25년 동안 체육 수업을 지원해 오고 있었다.

과거형 had + 과거분사 been + 현재분사 -ing ▶ 과거완료 진행형

✽ support: 지원하다, 지지하다 physical education: 체육

(13) They were from the committee.

그들은 그 위원회에서 나왔다.[그들은 그 위원회 출신이었다.] ▶ 단순 과거형

✽ committee: 위원회

(14) The woman next to me tells me something.

내 바로 옆에 있는 여성은 나에게 무엇인가를 말한다. ▶ 단순 현재형

✽ next to: ~ 바로 옆에 something: 어떤 것, 무엇

(15) She said to me, "You have something on your face."

그녀는 나에게 말했다. "얼굴에 뭐 묻었어요."

▶ 단순 과거형   ▶ 단순 현재형

(16) She walked backward(s). 그녀는 뒤로 물러섰다[뒷걸음쳤다]. ▶ 단순 과거형

✽ walk backward(s): 뒤로 물러서다, 뒷걸음치다

(17) We were walking toward the visitors after the demonstrating.
우리는 시범을 보인 후에 그 방문객들 쪽으로 걸어가고 있었다.
과거형 be 동사 were + 현재분사 -ing ▶ 과거진행형
* toward: ~쪽으로, ~을 향하여

(18) I did not know what she was saying.
나는 그녀가 무엇을 말하고 있었는지 몰랐다.
▶ 단순 과거형   과거형 be 동사 was + 현재분사 -ing ▶ 과거진행형

(19) Everything was finished. 모든 게 끝났다.
과거형 be 동사 was + 과거분사 -ed ▶ 과거 수동태

(20) She pointed at my forehead. 그녀는 내 이마를 가리켰다. ▶ 단순 과거형
* forehead: 이마

(21) It was snot from the nose. 그것은 코에서 나온 콧물이었다. ▶ 단순 과거형
* snot: 콧물
cf. nose wax: 코딱지 discharge: 분비물

(22) She has been trying to tell me the snot on my face.
그녀는 내 얼굴에 묻어 있는 콧물을 나에게 말하려고 한 것이다.
현재형 has + 과거분사 been + 현재분사 -ing ▶ 현재완료 진행형

(23) Everybody has noticed the snot. 모든 사람들이 그 콧물을 알아챘다.
현재형 has + 과거분사 -ed ▶ 현재완료형
* notice: 알아채다, 눈치채다, 주목하다

(24) I will have been suffering from this painful experience.
나는 이 고통스러운 경험으로 괴로워할 것이다.
미래형 조동사 will + have + 과거분사 been + 현재분사 -ing ▶ 미래완료 진행형
▶ 영어는 중요한 것을 앞에 나타내므로 will(미래)과 have been suffering(현재완료진행) 중 중요한 주 시제는 미래형이 된다.
* suffer: 고통받다, 괴로워하다 painful: 고통스러운

Comprehension Quiz

1. 다음 중 분사의 철자가 맞는 것을 고르세요.
   ① cut → cutting
   ② jump → jumpping
   ③ kick → kickking
   ④ hope → hopping

2. 다음 중 have의 사용이 <u>다른</u> 하나를 고르세요.
   ① I have a car.
   ② It has its own style.
   ③ We have what we need.
   ④ She has prepared for it.

3. 다음 중 have의 사용이 <u>다른</u> 하나를 고르세요.
   ① I have made it.
   ② Who has opened the window?
   ③ She has many used computers.
   ④ They have established the institute.

4. 다음 중 과거분사가 주요 역할을 하는 시제는?
   ① 단순 과거   ② 현재 진행   ③ 과거 진행   ④ 현재 완료

5. 현재완료진행형의 문장을 만들기 위해서 필요한 핵심 구성 요소를 모두 고르세요.

   ① -ing ② -ly ③ have ④ -ed ⑤ -es ⑥ -tion ⑦ been

6. 12시제의 이름은 모두 알고 있어야 합니다. 12시제를 모두 써 보세요.

   현재: 단순 현재, _____, _____, _____
   과거: 단순 과거, _____, _____, _____
   미래: 단순 미래, _____, _____, _____

7. 다음 중 가장 최근에 일어난 일은 무엇인가요?
   ① I was ordering.   ② I saw.   ③ I have cleaned.   ④ I accepted.

8. 다음 중 가장 과거에 일어난 일은 무엇인가요?
   ① They had a talk.
   ② She was getting better.
   ③ You have done it.
   ④ He had registered his domain name.

9 다음 각 문장의 시제를 올바르게 나열한 것은?

> (A) Who will do this?
> (B) It has been raining all day.
> (C) People have waited in line.
> (D) I will have fixed it by the time you arrive here.

① (A) – 단순 미래, (B) – 현재완료, (C) – 현재완료진행, (D) – 미래완료
② (A) – 단순 미래, (B) – 현재완료, (C) – 미래완료, (D) – 현재완료진행
③ (A) – 단순 미래, (B) – 현재완료진행, (C) – 현재완료, (D) – 미래완료
④ (A) – 단순 미래, (B) – 현재완료진행, (C) – 미래완료, (D) – 현재완료

10 각각 제시된 시제에 맞게 빈칸을 채워 문장을 완성해 보세요.

(1) 현재완료

→ I _____ seen it before.

(2) 과거완료

→ He _____ noticed it.

(3) 현재진행

→ She _____ acting like you.

(4) 현재완료진행

→ I _____ _____ sitting and typing for three hours.

(5) 단순 미래

→ Who _____ do the dishes?

(6) 미래완료진행

→ They _____ _____ _____ waiting for you by the time you come.

Reading & Writing **Practice**

[1~5] 다음 문장을 해석해 보세요.

1 No one has noticed it yet.
___

2 I have never seen anything like this before.
___

3 She has updated more pictures.
___

4 I have just eaten, so I am not hungry now.
___

5 I have just finished.
___

[6~9] 다음 문장을 영어로 옮기세요.

6 아무것도 일어나지 않았습니다. (현재완료)
___

7 저는 당신에 관해서 들었어요. (현재완료)
___

8 그것은 방금 시작했어요. (현재완료)
___

9 네가 그것을 말했잖아. (현재완료)
___

QnA 독자의 질문

Q 영문법에 관해 질문이 있습니다.

have p.p.의 실제 동사는 p.p.로 간주되며 have는 조동사로 쓰인다고 봅니다. be p.p.에서도 실제 동사는 be 동사가 아니라 역시 p.p.입니다. p.p.는 의미를 전달하는 역할만 하는 게 아니라 실제적인 동사라고 할 수 있습니다. 그리고 be 동사는 have와 마찬가지로 일종의 조동사입니다. have p.p.나 be p.p.나 모두 시제(완료)와 태(수동)를 만들어 주는 껍데기에 불과합니다. 진짜 동사가 p.p.의 형식으로 문장에 쓰이고 있는 것입니다. 즉, p.p.는 엄연한 동사의 다른 형식입니다.

안녕하십니까, 선생님. 저는 현재 고등학교에 재직 중인 영어 교사입니다. 엊그제 have p.p.에 대한 자세한 설명 잘 들었습니다. 다름이 아니라, have p.p.에서 p.p.는 형용사이기 때문에 진짜 동사는 have라고 말씀하셨는데요. 선생님이 쓰신 교재도 찾아 보았는데 같은 내용으로 기술되어 있더라고요. 제가 대학에서부터 교수님들께 변형 문법을 통해 배워 온 바에 따르면 have는 조동사이고 p.p.는 현재완료를 만들기 위해 동사의 모양이 바뀌어 있다고 봅니다.

A 대답 (1) 안녕하세요, 한일 강사입니다.

맞습니다, 선생님. 완료 시제에서 p.p.는 변형 동사로 볼 수 있습니다. 같은 구조로 볼 수 있는 것이 진행형과 수동태의 -ing와 -ed입니다. 영어 문법 설명이 Classical Latin에 바탕을 두고 있기 때문에 Latin에 있는 여러 변형 동사의 영향이 영어에 전달되었다고 보면 됩니다. 영어로 오면서 많이 사라지고 지금 전해지는 것 중 대표적인 것이 -ing와 -ed라고 볼 수 있어요(Pamphlet of Grammar, William Bullokar, 1534).

이 부분에서 학생들이 p.p.와, 변형된 동사로서 그 모양이 똑같은 -ing와 -ed를 잘 이해한다면 문제가 되지 않습니다. 즉, 같은 모양을 가진 -ing와 -ed가 상황에 따라 형용사도 되고 전혀 다른 품사인 변형 동사도 된다는 것만 잘 이해하고 그것을 쓰고 말할 수 있으면 문제가 되지 않습니다.

[e.g.] I have used. → I have used cars.
They are singing. → They are singing angels.
We were selected. → We were selected members.

위 예문에서 보듯이 단어 'used', 'singing', 'selected'를 형용사로 보고 설명을 하는 것과 변형 동사라고 설명하는 것 중 좀 더 실용적인 쪽으로 설명을 하는 것을 Basic English, Controlled English라고 합니다(Ogden, 1930). 다른 말로 Simple English 또는 International English라고도 합니다. 물론 옹호자와 반대자들 간에 많은 논쟁을 불러 일으켰죠(지금도 계속되고 있고요.). 전통적인 학문성에만 바탕을 둔 설

QnA 독자의 질문

명이 주를 이뤄 왔기 때문에 실용성에 바탕을 둔 설명 방식은 늘 실험적인 단계에 머물게 되었고 지금도 그렇습니다. 그러나 좀 더 쉽게 영어에 접근해 보자는 시도는 수업 현장에서 계속 일어났고 2차 세계대전을 거치면서 Special English 또는 Simplified English라는 이름으로 불리면서 영어 자료 개발자들과 선생님들은 좀 더 실용적인 설명을 찾을 수 있다는 열린 마음을 갖게 되었습니다. 이것을 English Language Reform이라고 합니다.

제가 -ing와 -ed를 구별하지 않고 설명하는 이유는 '초급자'나 '왕초급자'가 같은 모양의 단어를 다른 문법 용어로 구별하는 것은 좀 더 높은 수준(level)에서 확인하면 되고, 일단 쓰고 말하는 것에 초점을 두었기 때문입니다. 실제로 일반 문법책에서 변형 문법의 발생 배경이나 차이점 그리고 -ing와 -ed의 문법적인 근간을 다루지 않는 이유는 변형 문법을 설명하면 어쩔 수 없이 겪게 되는 또 다른 의문점들이 생기기 때문입니다. 그 의문점들을 설명하는 것이 초보 학습자들에게 필요하지 않다고 생각해서죠(적어도 당분간은요.). 문법을 간소한(Simple) 쪽으로 보고 싶은 것이 요즘 추세이며, 이는 변하고 있는 언어를 변하지 않을 것 같은 문법에 묶어 두는 듯한 설명 방식을 피해서 가능한 한 교사와 학습자가 공동으로 좋은 아이디어를 내도록 유도하고 있습니다(Grammar in Use, Practical English Grammar, Understanding and Using English Grammar, The Grammar Bible, English Grammar for Today: A New Introduction 등). 여기에 나열한 대표적인 문법책들이 -ing와 -ed를 변형 문법이라고 따로 설명하지 않는 이유는 개혁적인 Basic English의 영향을 받아서입니다. 거의 모든 문법책에서 have는 완료형 때 쓰이는 조동사라는 설명과 함께 예문을 보여 주면서, 더 이상 have가 왜 갑자기 완료형에서 조동사로 쓰이게 되었는지 그 배경 설명은 피하고 있습니다. 이유는 그렇게 설명하는 것이 다른 문법과의 충돌을 피할 수 있거나 그 충돌을 가장 약하게 할 수 있기 때문이죠. have가 실제로는 동사의 성격이 강하지만 언급하지 않는 이유는 전통 문법의 틀에서 처음 그 부분이 설명되었기 때문입니다. 그러나, 사실 have를 동사로 보고 예외적으로 완료형일 때에만 조동사의 역할을 가지게 된다고 보면 더 쉽습니다.

have를 조동사로 볼 때 겪게 되는 충돌:

- 모든 영어 단어에는 의미(meaning)가 있습니다. have를 완료형에서 조동사로 볼 때 그 뜻을 어떻게 받아들여야 하는지 다루지 않는 경우가 많아요. 그러다 보니 과거분사(p.p.)만 동사처럼 해석을 하는 현상이 생기게 되죠. 과거분사는 그 품사가 형용사이기 때문에 동사처럼 해석될 수 없음에도 불구하고요. 반면에 have를 '~하다'라는 동사의 뜻으로 보면 완료형 해석이 쉬워지는 경향이 있습니다.

- 조동사와 조동사는 나란히 쓰지 않습니다. 모든 문법책에서 다루고 있긴 하지만, have를 조동사라고 설명한 다음 'I will have finished it.' 'He should have stayed there.' 'You must have told me.'와

같은 문장에 대한 설명을 하지 않는 이유는 have를 조동사로 보는 것이 문장의 구조를 부분적으로 설명하기는 쉽지만, 문장 전체를 포괄하는 문법으로는 큰 그림을 만들기가 쉽지 않아서 어쩔 수 없이 문법 충돌(grammar conflicts)을 피할 수 없기 때문입니다(한쪽 문법만으로는 설명하기 어렵다는 뜻.). 이 부분을 만일 학생들에게 설명을 해야 한다면, 예를 들어 'I will have finished it.'와 같은 문장에서 조동사(will)는 다른 동사가 필요해서 조동사화된 것들(have)과 함께 쓸 수 있다고 하면 됩니다. 그렇기 때문에 will(조동사) 다음에 be able to(준조동사: 다른 동사가 사용되어서 조동사의 역할을 하는 것.)와 같은 말이 올 수 있습니다. 학생들에게 이와 같은 맥락에서 설명하면 됩니다. 그리고, have가 일반 동사에서 조동사화되었다고 설명해야 하는데 어떻게 설명해야 할지는 각 선생님이 처한 상황(학생 수, 타입, 수준, 목표 등)을 고려해서 설명해야 하겠지요. 어쨌든 have가 원래는 동사였는데 어째서 조동사가 될 수밖에 없는지 부연 설명이 필요합니다.

- have의 Old English는 habban입니다. have to의 have도 그렇고 have+p.p.의 have도 모두 habban입니다. habban은 '가지다', '소유하다'라는 일반 동사였습니다. 즉, have가 조동사가 되기 전엔 일반 동사였죠. 그러다가 Old English 후기에 현재완료형을 만드는 단어로 쓰이는 역할을 시작합니다. 그리고 이 역할을 한 지 수 세기가 더 흐른 뒤인 19세기에 들어와서 조동사라고 불리게 되었는데, 어디까지나 그 역할에 대해서 설명을 단 것이지 have가 일반 동사라는 근원을 뒤집지는 않습니다(Online Etymology, 2009). 이때 우리 선생님들은 갈등을 하게 됩니다. 어느 쪽에 나를 맞출 것인가: 조동사라고 해야 할까, 아니면 동사라고 해야 할까.

- 조동사 다음에 동사 원형을 쓴다는 일반적인 개념과 관련해서 have를 조동사로 보고 이때에만 예외적으로 동사 원형이 아닌 변형 동사 앞에 쓸 수 있다는 예외성에 대한 설명을 현대 영어에서는 피하고 있습니다.

요즘 많이 간소해진 be 동사 부분:
- be 동사와 뒤에 오는 -ing, -ed를 합쳐서 하나의 동사 덩어리로 보는 방법이 있습니다. 예를 들어, 'I am coming.'이라는 문장에서 'am coming'을 하나의 동사 덩어리로 보는 것이죠. 이 방법은 문장을 좀 더 간소하게 보는 데 도움을 줍니다. 그런데 문장 형식에 대한 전통적인 설명 방식에서 보자면 이 문장은 '주어+완전자동사'이므로 1형식으로 봐야 할까요, 아니면 불완전동사인 be 동사가 있으므로 2형식으로 봐야 할까요. 이처럼 문법 충돌이 발생할 때 어떤 설명은 살리고 어떤 설명은 뒤로 미뤄야 할지는 상황에 따라 교사가 맞추어야 합니다.

- be 동사를 자체 고유한 뜻(~이다)을 가진 동사로 보고 그 뒤에 진행의 뉘앙스를 가진 -ing가 오면 진행형, 또는 수동의 뉘앙스가 강한 -ed가 오면 수동태라고 설명할 수 있습니다. be 동사가 동사가 아니라면 문장의 형식에 대한 논란이 해결될 것입니다. 그러나 여전히 be 동사+p.p.가 들어간 문장 'I am surprised.'와 같은 문장을 1형식으로 볼지 2형식으로 볼지 학계에서는 각기 주장이 다르죠. be 동사를 조동사로 보고 p.p.를 변형 동사로 보면 그냥 1형식, 또는 be 동사를 조동사로 보지 않고 동사로만 볼 때에는 2형식이 되는데 실제 이런 설명은 피하고 있습니다. 설명에 문제가 있어서가 아니라 다른 문법과 충돌을 가져오기 때문입니다. 이 부분을 체계적으로 해결한다면 좋은 문법 설명을 하나 만들 수도 있을 것입니다.

대답 (2) 안녕하세요, 한일 강사입니다.

사실 제가 학생들에게 어떻게 설명할지 가장 갈등한 부분이기도 한 것인데요. 전통 문법책과 현대 문법책 모두 p.p.는 형용사라고 설명하며 다루고 있습니다. 그래서 p.p.가 비록 동사에서 왔지만 형용사의 역할을 한다고 많은 연습 문제를 통해 이해하게 합니다. p.p.를 형용사로 보면 be 동사 뒤에 형용사를 쓴다는 규칙과 맞기 때문에 많은 문법(모든 진행형이나 수동태)을 설명하기가 쉬워집니다. 그런데 have+p.p.에서 이 p.p.가 동사(=변형 동사)라고 말하면 학생들은 앞에서 p.p.는 형용사로 이해했는데 갑자기 동사가 되는 것을 받아들이기 힘들어 합니다. 현장에서 수업을 하시는 영어 선생님들이 다들 겪는 문제 중에 하나라고 생각합니다. 학생들이 완료형을 잘 쓰지 못하고, 게다가 p.p.에 대해서 많이 혼동하는 모습을 보이죠. have+p.p.를 설명하는 방법에는 다음과 같이 크게 세 가지가 있는데 상황에 맞게 교사가 골라야 합니다.

1. 조동사화된 have와 변형 동사 p.p. 이때 have는 완료형일 때에만 예외적으로 조동사가 된다는 것을 설명해야 합니다. 만일 have를 일반 조동사와 동일하게 인식하면 have go, have study 등과 같이 쓰는 실수를 하게 되죠. 학생들이 have 뒤에 이처럼 p.p.를 쓰지 않고 일반 동사를 쓰는 이유는 have가 모든 경우에 쓸 수 있는 조동사라고 인식을 했거나 또는 p.p.가 동사라는 말을 과대 일반화된 개념(Over-generalized Concept)으로 생각했기 때문입니다.

2. have도 be 동사처럼 그 뜻이 미완성되어 있다고 보는 방법입니다. be 동사가 뒤에 p.p.가 와야 전체 뜻이 완성이 되어서 내용이 전달되듯이 have도 그 뒤에 p.p.가 와서 완전한 내용 하나가 만들어진다는 시각입니다. 이민자를 위한 영어(English for Immigrants) 또는 성인 영어 교육(Adult English

Education)에서 이 방법을 초기 학습자에게 사용하는 것을 본 적이 있습니다. 실제로 제가 ESL에서 영어를 배울 때(참고로 제가 있었던 반은 레벨(level)이 낮았기 때문에 빨리 쓰고 말하는 데 도움을 주는 Special English 문법을 가르쳤습니다.) have 뒤에 p.p.를 써서 하나의 내용을 완성하는 쪽으로 수업을 했습니다. be 동사와 have를 '~이다, 있다'나 '~하다/했다'의 미완성된 동사로 보고 그 뒤에 내용상 필요한 단어를 써 주는 수업입니다(be studying, be studied, have studied, have worked 등).

3. have가 동사이기 때문에 그 뒤에 또 동사를 쓸 수 없으므로(예: have study) 뒤에 오는 단어는 비록 동사의 뜻을 가지고 있지만 문법의 정확성을 위해서 그 형태를 변형한 변형 동사를 쓴다(have studied)는 설명 방식도 있습니다. 이 변형 동사를 또 p.p.라고 부르는 이유는 변형 동사를 만드는 방법이 이전의 p.p.를 만드는 방법과 같기 때문이라고 설명할 수 있습니다. 이때 have는 의문문과 부정문을 만드는 특별한 역할을 한다고 보면 후에 have를 이용해서 의문문과 부정문으로 문법을 확장할 때에도 도움이 됩니다.

요컨대, have가 동사라고 설명한 부분에서는 제가 '조'라는 말만 빼고 우선은 동사 색깔을 더 강조했다고 보시면 됩니다. 다만, 이중에 어떤 설명 방식을 사용할지, 또 조금씩 필요한 부분을 모아서 설명할지 아니면 모두 다 할지는 교사에게 달려 있습니다.

저의 문법 설명을 통해 학생들이 기존 전통 문법을 이해하는 데 도움이 되었으면 합니다. 그래서 일단은 되도록이면 간소하게 설명을 하려고 합니다. 그리고 문법의 기원이나 변화의 원천도 학문적인 입장에서 보는 것이 아니라 일상생활 속에서 일반 서민과 가족, 그리고 이웃 사이에 즉각적이고 효과적인 의사소통을 위해서 변했다는 이론을 바탕에 놓고 바라본 시각입니다.

앞으로도 저의 방송이나 동영상 강의를 더 들으시면 영어를 가르치는 선생님으로서 마음에 와닿는 것도 있겠지만 지금처럼 그렇지 않은 부분도 있으실 것입니다. 언어는 많은 변화를 겪고 문법도 그렇습니다. '이것이 답이다!'라는 자세를 한일 영어 선생이 피하고 싶었다고 보시면 되고요. 다양한 메뉴를 제시해서 전통 문법 설명을 학교에서 또는 학원에서 공부할 때 도움이 되도록 비교할 문법 대상을 제시해 주고자 한다고 보아 주세요.

참고로, 다음은 문법책의 변화를 보여 주는 연대와 대표적인 책들입니다. 이 안에서 다양한 설명이 나타났다가 사라졌다가 또 나타났다가 사라졌다가 했습니다. 한때 받아들여졌던 것이 어느 시대에는 등한시되고, 그러다가 또 어느 시대에는 받아들여지기도 했습니다. 지금 우리는 Simplified English 또는

 **독자의 질문**

Practical-based English에 주안점을 두고 있다고 보면 됩니다.

- Rudimenta Grammatices (William Lily, 1534)
- Pamphlet for Grammar (William Bullokar, 1586)
- Grammatica linguae Anglicanae (John Wallis, 1685)
- "The English Grammar: Made by Ben Jonson for the benefit of all strangers, out of his observation of the English language now spoken and in use" (Ben Jonson, 1756).
- Essentials of English Grammar (William Dwight Whitney, 1877)
- A Grammar of the English Language, in a Series of Letters (William Cobbett, 1883)
- A Functional English Grammar (Margaret Bryant, 1945)
- A Short Introduction to English Grammar (James Sledd, 1959)
- An Advanced English Grammar for Students and Teachers (J. Meyer-Myklestad, 1967)
- Modern English Structure, 2nd ed. (Barbara M. H. Strang, 1968)
- A Modern English Grammar: Second Edition (Knud Schibsbye, 1970)
- Longman Grammar of Spoken and Written English (Douglas Biber; Stig Johansson; Geoffrey Leech; Susan Conrad; Edward Finegan, 1999)
- Doing Grammar, 3rd ed. (Max Morenberg, 2002)
- New English Grammar for ESL students (Fritz-Meyer Sannon, 2004)
- Understanding English Grammar, 8th ed. (Martha J. Kolln, Robert W. Funk, 2008)
- The New English Grammar (Horace Dalmolin, 2010)
- Oxford Modern English Grammar (Bas Aarts, 2011)

질문을 올렸던 독자의 답글 (1)

RE 한일 선생님 글 잘 읽었습니다.

선생님의 좋은 글 감사합니다. 성의 있는 답변이었습니다. 모두 이해가 되는 부분입니다. 선생님께서도 말씀하셨지만 영어를 가르치면서 많은 갈등이 있는 것은 사실입니다. 더 설명을 하자면 학생들의 수준에서 너무 벗어나는 것 같고 이건 이러니까 그냥 그렇게만 알으라고 말하기에는 좀 서운한 감이 있습니다. 선생님께서 말씀하신 여러 변형 문법론에 대한 이의는 전혀 없습니다. 다만 제가 현장에서 아이들에게 영어라는 언어를 가르치면서 가장 중요하다고 생각하는 것은 모든 문법에는 우리가 더 이상 설명할 수 없는 예외가 있지만 그 예외가 얼마만큼의 일반화를 가질 수 있느냐 하는 것입니다. 쉽게 말하자면, 글에서 선생님께서 제시하신 have를 보는 관점에 따른 세 가지 설명 방식에서 첫번째 관점이냐 두번째 관점이냐는 선생님마다 다르게 설명해야 할 것이 아니고 학계에서 어느 정도의 가이드라인은 있어야 한다고 봅니다. 실제로도 어느 정도의 가이드라인은 있는 것으로 알고 있고요. 제가 선생님께 말씀드리고 싶은 부분이 바로 이 부분입니다. 학생들에게 선생님이 말씀하신 내용을 토대로 have가 동사가 되고 p.p.는 동사가 아니라고 해 버린다면 일반 학교 문법에서 또는 선생님께서 말씀하신 문법책에서 제시하고 있는 것은 have를 조동사로 본다는 내용과 어긋나게 됩니다.

선생님의 설명도 다 좋습니다. 다만 우리 학생들이 중학교나 고등학교에서 학교 문법(증폭되는 문법 설명에 대한 갈등을 하지 않고 학계에서 대다수가 그렇게 인정하는 쪽)에 방송의 초점이 맞추어져야 한다고 봅니다. 왜냐하면 나중에 have가 동사로서의 역할, 즉 우리가 고등 교육 이상에서 배우게 될 변형 문법에 대한 설명을 학생들에게 할 필요가 없기 때문이지요. 선생님과 차라도 한잔하면서 얘기들을 하면 더 좋을 텐데 글로 쓰다 보니 한일 선생님께서도 제 의견에 대한 불쾌함이 있으실지도 모르겠네요. 제가 알아본 바로는 현장에 계시는 영어 선생님 모두(제 지인들) 선생님이 말씀하신 첫 번째 설명에 무게를 싣고 학생들에게 지도하고 있습니다.

그런데 한일 선생님께서 학생들에게 높은 수준으로 have에 대한 설명을 이어가신다면, 중·고등 학생들을 대상으로 학교 문법을 가르치는 저희 영어 교사들은 설명에 한계를 가질 수밖에 없는데 변형 문법론에 대한 설명을 학생들에게 어떻게 다 합니까. 물론 '이게 답이다!' 라는 것은 없지만, 학생들에게 이것도 답이고 저것 또한 답이 될 수 있다고 가르칠 수는 없는 노릇입니다. 학교 문법의 틀 안에서 설명해 주시면 감사하겠습니다.

선생님께서 추가적인 의견이 더 있으시면 부탁드립니다. 좋은 말씀 부탁드릴게요.

질문을 올렸던 **독자**의 답글 (2)

RE 글에 대한 답변 올리겠습니다.^^

학교 교육의 문제점에 대한 의견은 저도 상당 부분 공감합니다. 매너리즘에 빠지지 않도록 연구하고, 비판적인 시각을 가지고 참교육을 실현하려고 최선의 노력을 다하고 있습니다. 저 자신도 모르게 예전에 중·고등학교 때 스파르타식으로 배워 온 방식들을 행여나 우리 학생들에게 습관처럼 가르치고는 있지 않나 심사숙고해서 교육하고 있습니다. 다만 우리나라 중·고등학교에서 행하여지는 교육과 교육자들은 폐쇄적이라는 식의 발언은 조금 삼가 주시면 감사하겠습니다. 우리 교사들 모두가 더 좋은 방향으로 빨리 바뀌어야겠지요. 학생들을 위해 봉사하고 헌신하며 자기 계발과 담당 교과에 대한 노력을 하시는 분들이 행여나 마음 상하실까 염려되어서 말씀드립니다.^^ ×××님께서 말씀하신 부분 중에 약간 이해를 못하고 계신 부분이 있는 것 같아서 그 부분만 간략하게 말씀드리겠습니다.

중·고등학생은 말할 것도 없고 직장인이나 대학생들이라고 해서 학계에서 인정하는 보편적인 문법(학교 문법)에 대한 이해 없이 오직 다른 접근 방식만을 안다면 결코 다른 문법과의 더 크고 많은 충돌을 피할 수 없을 것입니다. 예를 들어, 어떤 하나에 세 가지 접근 방식이 있다고 한다면, 그중 학교 문법이라고 부를 수 있는 하나가 있는데 꼭 그것이 정답이라고 할 수는 없지만 다른 문법과의 충돌이 있긴 해도 다른 두 가지 보다는 적다고 보고 있습니다. 이러한 효율성과 효과성의 측면에서 학계의 교육자들이 학교 문법이라고 하는 것을 영어라는 언어의 기초와 기본을 학습하는 중·고등학교에서 가르치는 것입니다. 제가 또 학교 문법을 기본이라고 해서 언짢게 생각하실지도 모르겠습니다.^^;; 다만 보편적인 것(영어 학계에서 인정하는 문법)이 무엇인지는 알아야 하지 않겠습니까? 그리고 나서 분명 말씀하신 대로 여러 방식(예컨대, 대학에서 다루는 언어학의 주요 부분 중 하나와 같은 방식 등)을 제시하는 것은 창의적이고 독창적인 그리고 비판적인 사고에 도움이 될 것입니다. 이것이 제가 한일 선생님과 EBS에 첫 글을 쓴 이유였습니다. (한일 선생님 오해는 하지 마세요. 선생님께서도 저의 의견에 일부 동의해 주셨고, 저도 선생님의 글을 읽고 선생님 설명에 대한 저의 오해도 많이 풀렸습니다.^^)

Lecture 03

영어의 '12시제'

Learning Goals

영어의 시간 개념인 12시제의 단어 모양을 외우자.

- 현재진행
- 과거진행
- 미래진행
- 현재완료
- 과거완료
- 미래완료
- 현재완료진행
- 과거완료진행
- 미래완료진행
- 단순 현재
- 단순 과거
- 단순 미래

영어를 공부하면서 '12시제'의 형태를 구분하지 못한다면 전체적인 문장의 구조를 파악하기가 힘들어진다. 왜냐하면 모든 영어 문장은 이 열두 개의 시제 중 하나는 반드시 가지고 있기 때문이다. 각 시제마다 독특한 시제 표현법이 있으므로 꼭 기억해 두자.

03 LECTURE 영어의 '12시제'

1. 영어의 '12시제'의 형태와 표현법

	시제	단어의 개수	분사	단어의 모양
1	현재진행	2	-ing	am/are/is + -ing I am studying. You are going. She is working.
2	과거진행	2	-ing	was/were + -ing I was waiting. You were singing.
3	미래진행	3	-ing	will + be + -ing I will be studying.
4	현재완료	2	-ed	have/has + -ed I have studied. He has helped me.
5	과거완료	2	-ed	had + -ed I had studied. He had worked.
6	미래완료	3	-ed	will + have + -ed I will have finshed.
7	현재완료진행	3	been -ing	have/has + been + -ing I have been studying. She has been working.
8	과거완료진행	3	been -ing	had + been + -ing I had been telling.
9	미래완료진행	4	been -ing	will + have + been + -ing I will have been considering.
10	단순 현재	1	–	동사의 현재형 (기본형) I register.
11	단순 과거	1	–	'-ed' 또는 불규칙 과거형 I changed. I ran.

12	단순 미래	2	-	will + 동사의 기본형
				I will accept.

다음은 대학교 교양 과목의 내용이다. 시제를 재미있게 공부하기 위해서 흥미 있는 내용으로 자료를 만들었다. 다음의 내용을 읽고 해석하면서 각 시제와 그 속의 분사들이 어떤 모양으로 쓰이는지 잘 살펴보고 기억해 두길 바란다.

(1) Many people are interested in hypnology. 많은 사람들은 최면학에 흥미가 있다.
    　　　　　　수동태

(2) Researchers have experimented both real and fake hypnotized people.
    　　　　　　현재완료　　　　　　　　　　　　　　　　과거분사

연구원들은 진짜와 가짜로 최면에 걸린 사람들 모두를 실험을 했다.

(3) The test has paid approximately 7000 dollars to the fake people and
    　　　　현재완료

has asked them to pretend like real hypnotized people.
현재완료　　　　　　　　　　　　　　　　과거분사

그 실험은 가짜인 사람들에게 약 7000달러를 지불하고는 그들에게 진짜로 최면에 걸린 사람들인 척 해달라고 요청했다.

(4) Experimenters will pay 1000 dollars in case of any physical hurts.
    　　　　　　　　단순 미래

실험자들은 어떤 육체적인 상처가 생길 경우에는 1000달러를 지불할 것이다.

(5) The researchers have compared the differences between these people.
    　　　　　　　　　　현재완료

그 연구원들은 이 사람들 간의 차이를 비교했다.

(6) The researchers have asked both groups to drink poisoned juice.
    　　　　　　　　현재완료　　　　　　　　　　　　　　　과거분사

연구원들은 두 그룹에게 독이 든 주스를 마실 것을 요청했다.

(7) Real hypnotized people have taken it.
    　　　과거분사　　　　　현재완료

진짜로 최면에 걸린 사람들은 그것을 마셨다.

(8) Of course, the juice is not poisoned . How about the fake people?
　　　　　　　　　　　　　　수동태

물론, 그 주스는 독이 들어 있지 않다. 가짜인 사람들은 어떨까?

(9) The researchers prepared a green colored drug.
　　　　　　　　　　　단순 과거　　　　　　　　　과거분사

연구원들은 초록색이 입혀진[초록색의] 약을 준비했다.

(10) They were dripping it on the tip of the subjects' finger.
　　　　　　　과거진행

그들은 그 실험대상자들의 손가락 끝에 그것을 방울방울 떨어뜨리고 있는 중이었다[떨어뜨리고 있었다].

(11) The researchers had informed them that the drug was anesthetic.
　　　　　　　　　　　　과거완료

연구원들은 그들에게 그 약은 마취제임을 알려 주었다.

(12) The researchers pricked the subjects' finger with a needle.
　　　　　　　　　　　단순 과거

연구원들은 바늘로 그 실험대상자들의 손가락을 찔렀다.

(13) The pricked finger was bleeding .
　　　　　과거분사　　　　　　과거진행

그 찔린 손가락은 피가 흐르고 있었다.

(14) The real group said, "No pain!" How about the fake people?
　　　　　　　　　　　단순 과거

진짜(진짜로 최면에 걸린) 그룹은 "아프지 않아요!"라고 말했다. 가짜인 사람들은 어떨까?

(15) The researchers have continued the test.
　　　　　　　　　　　　현재완료

연구원들은 그 실험을 계속했다.

(16) Hydrochloric acid has been used for the experiment.
　　　　　　　　　　　　현재완료 수동태

염산이 그 실험에 사용되었다.

(17) The subjects are asked to dip their hands in it.
        수동태

그 실험대상자들은 그것에 손을 적시라는 요청을 받는다.

(18) The real hypnotized group are hesitating. How about the fake people?
        과거분사   현재진행

진짜로 최면에 걸린 그룹은 망설이는 중이다[망설이고 있다]. 가짜인 사람들은 어떨까?

(19) For the last experiment, the researchers have displayed snakes in the vinyl bag.
                                              현재완료

마지막 실험을 위해서, 그 연구원들은 비닐 봉지 안에 있는 뱀들을 보여 주었다.

(20) The subjects are asked to grab the head of the snake.
        수동태

그 실험대상자들은 뱀의 머리를 움켜잡으라는 요청을 받는다.

(21) Noticeably, people in a hypnotized condition are hesitating.
                              과거분사   현재진행

눈에 띄게, 최면 상태에 사람들은 망설이는 중이다[망설이고 있다].

(22) Some have refused it. How about the fake people?
        현재완료

몇몇은 그것을 거부했다. 가짜인 사람들은 어떨까?

(23) This experiment has been proving that our reasoning power does not die out under hypnosis.
                        현재완료진행

이 실험은 우리의 추리력은 최면 상태에 있어도 사라지지 않는다는 것을 입증해 오고 있다.

Grammar Check

1. 영어는 열두 개의 시간 개념을 가지고 있다.   Ⓣ | Ⓕ
2. 열두 개의 시간 개념은 '분사'의 사용에 따라 두 개로 나뉜다.
3. 영어의 시제 중 대부분을 구분하는 데 결정적인 역할을 하는 두 가지는?
4. 과거분사가 주요 역할을 하는 시제는?
5. 현재분사가 주요 역할을 하는 시제는?

6. 과거분사와 현재분사 '-ing'가 한 문장 속에서 만나는 시제는?

7. 시제 형태가 가장 길고 복잡한 시제는?

8. 문장을 해석하지 않아도 그 문장이 어떤 시제로 쓰였는지 알 수 있다. Ⓣ | Ⓕ

9. 다음 각각의 시제의 이름을 바르게 써 보시오.

   (1) am/are/is＋현재분사 = _____

   (2) was/were＋현재분사 = _____

   (3) will＋be＋현재분사 = _____

   (4) have/has＋과거분사 = _____

   (5) had＋과거분사 = _____

   (6) will＋have＋과거분사 = _____

   (7) have/has＋been＋현재분사 = _____

   (8) had＋been＋현재분사 = _____

   (9) will＋have＋been＋현재분사 = _____

   (10) 동사의 현재형 = _____

   (11) 동사의 과거형(-ed) = _____

   (12) will＋동사 원형 = _____

Comprehension Quiz

1 다음 중 완료형 문장이 <u>아닌</u> 것은 무엇인가요?
   ① You just have said that.
   ② It has been raining all week.
   ③ They had known it for many years.
   ④ He has something to say about it.

2 내용상 빈칸에 들어갈 가장 적절한 말을 고르세요.

   > Time _____. We have to go. We promise that we will come back soon. Until then, be strong and take care of yourself. You have shown your strength and we believe that you can make it.

   ① came   ② has come   ③ was coming   ④ comes

3 다음 각 빈칸에 차례대로 들어갈 말로 올바른 것은?

   > 나는 지금까지 운동을 해 오고 있습니다. 석 달 전에 운동을 시작했는데 현재까지 하루도 빠지지 않았어요. 여름이 오기 전에 운동을 더 많이 하려고 해요.
   > I have _____ so far. I started exercising three months ago and I _____ a day. I will exercise more before the summer comes.

   ① be exercising, don't miss
   ② been exercising, haven't missed
   ③ be exercised, haven't missing
   ④ being exercised, don't missing

4 다음 중 지금 막 끝난 일은 무엇인가요?
   ① It has been like this since last year.   ② I finished my part.
   ③ She has just arrived.   ④ Finally they agreed.

5 다음 중 수동태가 <u>아닌</u> 것은 무엇인가요?
   ① She has been upset.   ② I have been assisted by her.
   ③ It has been used for many purposes.   ④ This book has been sold since 2006.

Comprehension Quiz

6 다음 중 시제가 나머지 세 개와 다른 하나를 고르세요.

① They have been praying for this.
② I have been studying English.
③ He has been considered for the position.
④ You and Sam have been arguing about it.

7 다음은 12시제에 따른 단어의 모양을 나타낸 도표이다. 빈칸에 들어갈 분사를 순서대로 잘 나열한 것을 고르세요.

	12시제	단어의 모양
1	현재진행	
2	과거진행	( )
3	미래진행	
4	현재완료	
5	과거완료	( )
6	미래완료	
7	현재완료진행	
8	과거완료진행	( )
9	미래완료진행	
10	단순 현재	동사의 현재형 (기본형)
11	단순 과거	-ed 또는 불규칙 과거형
12	단순 미래	will + 동사의 기본형

① -ing, -ed, been -ed
② -ing, -ed, been -ing
③ -ed, -ing, been -ing
④ -ed, -ing, been -ed

8 다음의 각 문장들을 주어진 시제로 바꿔 보세요.

(1) I finish. → 현재완료: _____

(2) They are negotiating. → 현재완료진행: _____

(3) The chair is painted. → 현재진행 수동태: _____

Reading & Writing **Practice**

[1~5] 다음 문장을 해석하세요.

1 How long have you been waiting?
___

2 I will have arrived there by 6 p.m.
___

3 I will be waiting for you whether you like it or not.
___

4 I will have been reading the book by the time you come.
___

5 He had already packed when I got there.
___

[6~9] 다음 문장을 영어로 옮기세요.

6 이 지역은 급격히 변했어요. (현재완료)
___

7 당신은 큰 도움이 되었어요. (현재완료)
___

8 나는 여기에 5년 동안 살아 왔어.[나는 여기에서 5년째 살고 있어.] (현재완료)
___

9 나는 그들을 세 시간 동안 기다리고 있는 중이에요. (현재완료진행)
___

Common Mistakes - 시제와 관련한 흔한 실수들

Learning Goals

동사 'have'의 반복을 피하는 방법에 대해서 살펴보자.

영어와 한국말의 과거 시점의 차이에 대해서 살펴보자.

과거와 현재를 이어 주는 시제에 대해서 살펴보자.

'always'가 현재형과 진행형에 쓰일 때 의미의 차이에 대해서 살펴보자.

일상생활에서 알게 모르게 저지르는 시제와 관련한 실수들이 있다. 해석과 뉘앙스의 차이에 주의하면서 문장을 통해 시제와 관련한 중요한 실수들을 살펴보고 이 같은 실수를 저지르지 않도록 주의하자.

Common Mistakes - 시제와 관련한 흔한 실수들

1. Common Mistake 1

다음 중 두 개의 문장은 같은 시제이다.

> I have got many letters. 나는 많은 편지를 가지고 있다.
> I have gotten many letters. 나는 많은 편지를 가지고 있다.
> I have many letters. 나는 많은 편지를 가지고 있다.

Grammar Knowledge

영어는 반복을 무척 싫어한다. 'have'는 여러 가지 의미로 사용되기 때문에 다양한 의미로 많이 반복되는 단어이다. 따라서 반복을 피하기 위해서 영국 영어에서 사용하는 'have got'을 미국 영어의 'have' 대용으로 가져와서 사용하게 되었다. 영국에서는 'have got'이 현재완료형으로 사용되지만 미국에서는 'have gotten'이 현재완료형으로 사용된다. 그래서 두 단어가 크게 혼동되지는 않았다. 미국 영어에서 'have'의 대용으로 'have got'을 사용하게 되자 'have'와 'have got'은 같은 뜻의 단어가 되고 또 같은 시제를 전달하는 단어가 되었다. 단, 한 가지 알아둘 것이 있는데, 'have got'은 'have'의 speaking 형태의 말로 많이 쓰인다는 점이다. 따라서 formal한 writing에서는 사용하지 않는 것이 좋다. 가끔 informal한 writing(가벼운 편지나 메모 등)에서 쓸 수 있기는 하지만, have got은 어디까지나 have의 반복 사용을 피하기 위해서 빌려 온 단어라는 점을 기억해 두자.

I have to go. 나는 가야만 해. ▶ Speaking (○), Formal Writing (○)

I have got to go. 나는 가야만 해. ▶ Speaking (○), Formal Writing (×)
→ I've got to go. 나는 가야만 해. ▶ have got to를 줄여서 표기한 것.
→ I gotta go. 나는 가야만 해. ▶ 빨리 발음을 하면서 got to를 붙여서 말하기 시작함.

I have some news. 나는 몇 가지 소식을 가지고 있다.(몇 가지 소식이 있어.)
= I have got some news. 나는 몇 가지 소식을 가지고 있다.(몇 가지 소식이 있어.) ▶ Speaking Form
= I got some news. 나는 몇 가지 소식을 가지고 있다.(몇 가지 소식이 있어.) ▶ Casual Form
▶ got이 단순 과거 시제처럼 보이지만, 정확한 것은 문장의 앞뒤 내용을 보아야 알 수 있다. 단순 과거 시제

(get의 과거형 got)일 수도 있지만, have got의 축약 표현(현재형)일 수도 있기 때문이다.

I have to go.
= I have got to go. ▶ Speaking Form
= I got to go. ▶ Casual Form
▶ I got이 단순 과거 시제처럼 보이지만, 정확한 것은 문장의 앞뒤 내용을 보아야 알 수 있다. 단순 과거 시제(get의 과거형 got)일 수도 있지만, have got의 축약 표현(현재형)일 수도 있기 때문이다.

2 Common Mistake 2

영어의 (단순) 과거 시제는 과거의 어느 시점에 일어난 동작이나 상태를 나타낸다. 즉, 일의 시작도 과거이고 그 일이 끝난 것도 과거이다. 그러므로 현재 상태가 어떤지는 알 수가 없다.

> Finally, spring came. 마침내 봄이 왔다.
> ▶ 봄이 온 것도 과거이고 봄이 온 그 상황이 끝난 것도 과거이므로 지금은 어떤 계절인지 알 수 없다.

Grammar Package

한국말과 영어는 과거를 바라보는 시각이 다르다. 한국말의 과거는 그 과거의 일이 현재에도 그대로 남아 있을 것이라는 뉘앙스가 강하다. 그래서 과거로 말했지만 현재도 그럴 것이라고 추측할 수 있는 말이다. 하지만 영어의 과거는 어디까지나 과거의 일일뿐 현재와 전혀 연결이 되지 않는다. 영어 문장에 과거 시제를 쓰면 그 동사의 시작도 과거이고 끝난 것도 과거이기 때문에 현재는 어떤 상태인지 전혀 알 수가 없는 말이 된다.

I studied English. 나는 영어 공부를 했어요.
▶ 영어 공부를 시작한 것도 과거, 그리고 영어 공부를 끝낸 것도 과거이므로 현재는 어떤 상태인지 알 수가 없는 말이다.

A: When did you meet your boyfriend? 너는 네 남자 친구를 언제 만났니?
B: I met my boyfriend three years ago. 나는 내 남자 친구를 3년 전에 만났어.
▶ 남자 친구를 만난 것도 과거의 어느 시점(3년 전)이고 그 동작이나 상태가 끝난 것도 과거의 어느 시점이라는 뉘앙스가 강한 말이다. 즉, 남자 친구를 과거의 어느 시점(3년 전)에 만났다는 사실만을 말하는 것이므로 현재는 어떤 상태인지 알 수 없다.

3 Common Mistake 3

과거에서 일이 시작하여 현재까지 그 일이 진행되었음을 말하고 싶을 때에는 '현재완료형' 시제를 사용하면 된다.

> Finally, spring has come. 마침내 봄이 왔다.
> ▶ 현재 봄이라는 의미를 나타낸다.

Grammar Package

두 개의 다른 시간대가 서로 내용상 연결되어 있다고 말하고 싶으면 '완료형' 시제를 사용하면 된다. 과거에 있었던 일이 현재에도 영향을 주고 있으면 '현재완료형' 시제를 사용하도록 하자. 또한, 과거보다 더 과거에 있었던 일, 다시 말해 과거 전의 일이 최근의 과거와 연관성이 있으면 '과거완료형' 시제를 사용하면 된다. '완료형' 시제는 두 개의 서로 다른 시간대를 연결해 주는, 사용 빈도가 높은 시제이다.

I met my boyfriend. 나는 내 남자 친구를 만났다.
▶ 과거에 만났으나 지금도 만나는지는 알 수 없다.
▶ 단순 과거형은 일(동사의 동작이나 상태)의 시작도 과거, 끝난 것도 과거이기 때문에 현재까지 남자 친구를 만나고 있을지는 알 수 없는 말이다.

I have met my boyfriend. 나는 내 남자 친구를 만나 왔다.
▶ 과거부터 현재까지 만나고 있음을 알 수 있다.
▶ 현재완료형은 과거부터 현재까지의 일이 연결되어 있음을 나타내기 때문에 과거부터 현재까지 남자 친구를 만나고 있음을 알게 해 주는 말이다.

4 Common Mistake 4

다음 두 문장의 내용상 차이점은 무엇인가?

> You always open the door in the morning. 너는 항상 아침에 그 문을 연다.
> You are always opening the door in the morning. 너는 만날 아침에 그 문을 연다.

Grammar Package

always를 한국말로 표현하면 긍정적인 느낌을 전달하는 '항상'과 약간 부정적인 느낌을 전달하는 '만날(=맨날)'로 표현할 수 있다. 이러한 미묘한 느낌을 제대로 전달하고, 구분할 줄 알아야 실수하지 않고 상황에 어울리는 말을 할 수 있게 된다. always가 '항상'이라는 긍정적인 의미로 전달될지 또는 '만날'이라는 부정적인 의미로 전달될지는 always 주변에 어떤 시제를 쓰는지에 따라서 결정된다는 점을 알아 두자.

You always open the door in the morning.
▶ 현재형에 always를 쓰면 긍정적인 어감으로 전달된다.

You are always opening the door in the morning.
▶ 진행형에 always를 쓰면 부정적인 어감(불평)으로 전달되는 경우가 많다.

You always call me at lunch time. 너는 항상 점심시간에 나에게 전화를 한다.
▶ 전화해 줘서 고맙다는 의미.

You are always calling me at lunch time. 너는 만날 점심시간에 나에게 전화를 한다.
▶ 상대방이 전화하는 것에 대한 불평이 전달된다.

Comprehension Quiz

1. 다음 문장과 같은 의미의 문장은?

   > I have got some ideas.

   ① I have some ideas.
   ② I had some ideas.
   ③ I have gotten some ideas.
   ④ I had gotten some ideas.

2. 다음의 문장이 의미하는 바로 올바른 것은 무엇인가요?

   > She had a long hair.

   ① 여전히 긴 머리를 가지고 있다.
   ② 지금도 긴 머리인지 아닌지 알 수 없다.
   ③ 지금은 긴 머리가 아니다.
   ④ 지금은 반대로 짧은 머리이다.

3. '가죽 소파를 사서 지금 그 소파를 가지고 있다.'라고 암시를 주기 위해서 다음 문장을 어떻게 바꿔야 할까요?

   > I purchased the leather sofa.

   ① I really purchased the leather sofa.
   ② The leather sofa was purchased by me.
   ③ I have purchased the leather sofa.
   ④ I am purchasing the leather sofa.

4. 다음 문장의 의미를 가장 바르게 파악한 것을 고르세요.

   > I met my boyfriend two years ago.

   ① 남자 친구와 사귄 지 2년이 흐른 상황
   ② 2년 전에 이미 헤어진 사이
   ③ 2년 전에 만났고 지금도 만나고 있는 사이
   ④ 2년 전에 만나긴 했으나, 지금은 알 수 없는 상황

5. 괄호 안의 뉘앙스를 참고로 해서 다음 문장의 빈칸에 들어갈 말을 고르세요.

   > She calls me and she _____ where I am.
   > 그녀는 나한테 전화해서 맨날 내가 어디 있는지 물어봐. (뉘앙스: 불평)

   ① is always asking
   ② was always asking
   ③ always asks
   ④ was always asked

6 다음 문장의 느낌을 바르게 말한 것은 무엇인가요?

> My parents are always waking me up early in the morning.

① 좋다.
② 상관없다.
③ 좋을 때도 있고 싫을 때도 있다.
④ 싫다.

7 다음 중 가장 확실하게 일어날 일은 무엇인가요?

① I am leaving tomorrow.
② I will look for a new job tomorrow.
③ I am going to meet you tomorrow.
④ I go to his workplace tomorrow.

8 질문의 시제를 고려해서 빈칸에 넣을 수 있는 말이 순서대로 잘 나열된 것은?

- What have you done?
  → I _____ on the remote control.
- When will you reply?
  → I _____ by this Thursday.
- Have you been there?
  → Yes, I _____ there three times.

① stepped - reply - been
② have stepped - will reply - have been
③ stepped - reply - was
④ have been stepped - will reply - had been

9 시제를 구성하고 있는 것 중 가장 많은 부분을 차지하고 있는 것은?

① 부사 ② have ③ 분사 ④ be 동사

Reading & Writing **Practice**

[1~5] 다음 문장을 해석해 보세요.

1 Spring has gone and summer has come.
   _____

2 He came back to his house an hour ago. I don't know if he is still in the house or not.
   _____

3 She has come back to her house. I am sure she is still in the house.
   _____

4 I started teaching eleven years ago. I am still teaching. I have been teaching for eleven years.
   _____

5 I am always forgetting something.
   _____

[6~9] 다음 문장을 영어로 옮기세요.

6 우리는 여분의 돈을 좀 가지고 있어.
   _____

7 저는 해결책을 하나 가지고 있어요.
   _____

8 나는 너 보기를 원해 왔어. (현재완료)
   _____

9 모두가 적어도 한 가지 재주는 가지고 있어요.
   _____

Lecture 05

영어로 길게 쓴다?

 Learning Goals

가장 빈도수 높은 단어 배열에 대해서 살펴보자.

가장 빈도수 높은 단어 배열에서 명사의 역할에 대해서 살펴보자.

명사 앞에 쓰여서 명사의 의미를 도와주는 형용사에 대해서 살펴보자.

명사 뒤에 쓰여서 폭발적인 효과(Explosive Effect)를 주는 '전치사+명사'에 대해서 살펴보자.

명사 뒤에 쓰여서 아주 강력한 대폭발 효과(Big Bang Effect)를 주는 '형용사절'에 대해서 살펴보자.

영어에서 짧은 문장을 좀 더 길게 만들 수 있는 방법이 굉장히 어렵다거나 또는 긴 문장을 만든다고 해서 모든 종류의 문법이 필요한 것은 아니다. 중요한 것은 지금까지 배웠던 내용들을 문장에 어떻게 적용할 수 있느냐이다. 여러분은 '가장 빈도수 높은 단어 배열'을 기억할 것이다. 그것을 기본으로 삼아 긴 문장을 만들 수 있다.

05 LECTURE 영어로 길게 쓴다?

1. 영어로 문장을 길게 쓰기 위한 밑바탕

(1) 가장 이상적인 문장의 단어 배열로 문장을 만든다.

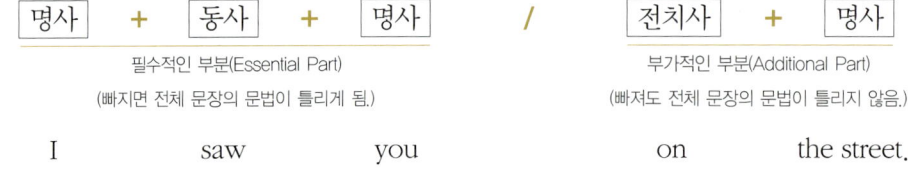

명사 + 동사 + 명사	/	전치사 + 명사
필수적인 부분(Essential Part)		부가적인 부분(Additional Part)
(빠지면 전체 문장의 문법이 틀리게 됨.)		(빠져도 전체 문장의 문법이 틀리지 않음.)
I saw you		on the street.

(2) 가장 빈도수 높은 문장의 단어 배열에서 가장 많이 들어있는 단어는 명사이다.

I   saw   you   on   the street.

▶ 전체 영어 단어 중에서 명사의 수가 가장 많다.

(3) 영어로 문장을 길게 쓰고 싶을 때, 명사 주변, 즉 명사의 앞과 뒤에 끼워 넣는 것이 가장 효과적이다.

I ↑↑ saw ↑↑ you ↑↑   on ↑↑ the ↑↑ street ↑.

(4) 명사 주변에 끼워 넣는 단어의 특징은 넣고 빼는 것이 자유로워야 하며, 이때 전체 문장의 문법에 영향을 주지 않아야 한다.

2. 명사 앞에 쓰여서 명사의 의미를 도와주는 형용사

(1) 가장 이상적인 문장의 단어 배열로 문장을 만든다.

명사 + 동사 + 명사	/	전치사 + 명사
Students memorize words		for the test.
↑ Many 형용사	↑ important 형용사	↑ final 형용사

62

Many students memorize important words for the final test.
많은 학생들은 그 기말고사를 위해서 중요한 단어들을 외운다.

Grammar Package

명사 앞에 형용사를 쓴 이후 문장이 겪는 변화
- 문장이 길어진다.
- 글의 내용이 자세해진다.
- 글의 수준이 높아진다.
▶ 명사 앞에 형용사를 쓰면 기존 문장의 문법 틀에 변화를 주지 않고 문장의 수준을 높일 수 있다.

Grammar Packagee

형용사의 혜택을 누리지 못하는 이유
배운 문법을 적용해서 가장 빈도수 높은 단어 배열로 문장을 만들지 못하기 때문이다. 즉, 문장 속에서 명사의 위치를 잡지 못하였기 때문에 명사 앞에 형용사를 넣지 못한 것이다. 그러므로 문장 속에서 명사의 위치를 꼭 알아 두도록 하자!

3 Explosive Effect

(1) 문장 뒤에 쓰여서 폭발적인 효과(Explosive Effect)를 주는 것이 '전치사+명사'(부연 설명)이다.

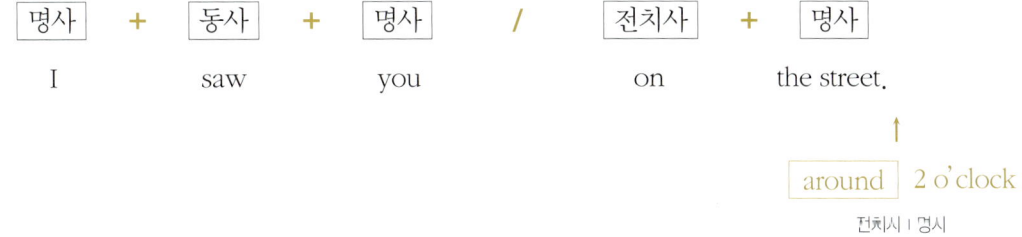

I saw you on the street around 2 o'clock. 나는 길에서 2시경에 너를 보았다.

(2) 명사 뒤에 쓰여서 폭발적인 효과(Explosive Effect)를 주는 것이 '전치사+명사' (부연 설명)이다.

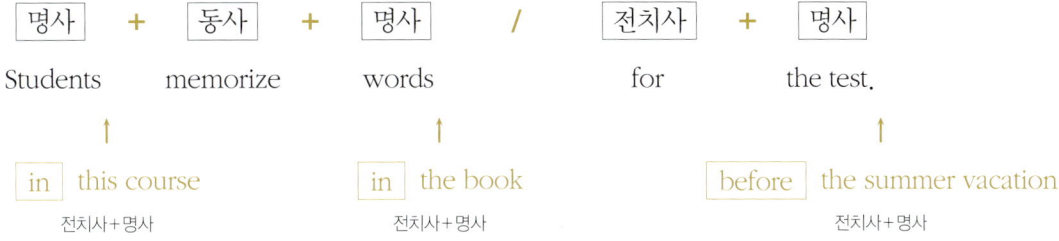

Students in this course memorize words in the book for the test before the summer vocation.

이 과정에 있는 학생들은 그 책에 있는 단어들을 여름 방학 전에 그 시험을 위해서 외운다.

Grammar Package

부연 설명의 혜택을 누리지 못하는 이유

가장 빈도수 높은 단어 배열로 문장을 만들지 못하기 때문에 문장 뒤에 '전치사+명사' 또는 명사 뒤에 '전치사+명사'를 넣지 못한 것이다. '전치사+명사'를 쓸 수 있는 자리를 꼭 알아 두자!

4 Big Bang Effect

폭발적인 효과(Explosive Effect)보다 더 강력한 효과를 주는 것이 대폭발(Big Bang) 효과 또는 급변(Radical Change) 효과이다. 문법 용어로는 '형용사절'이라고 한다. 명사 뒤에 문장을 쓰면 바로 만들어지는 아주 쉬운 기술이므로 자주 사용해 보자.

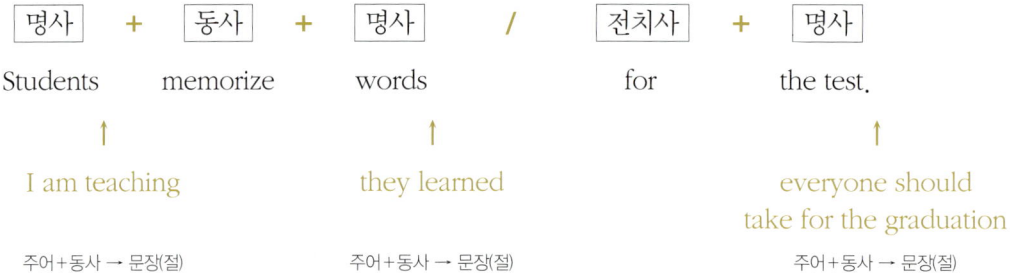

Students I am teaching memorize words they learned for the test everyone should take for the graduation.

내가 가르치고 있는 학생들은 그들이 배운 단어들을 모든 사람들이 졸업을 위해서 치러야 하는 그 시험을 위해서 외운다.

Grammar Knowledge

형용사절은 명사 바로 뒤에 쓴 문장을 말한다. 그 문장이 형용사처럼 명사를 내용상 꾸며 주기 때문에 '형용사절'이라고 하는 것이다. 요컨대, 명사 뒤에 문장을 써서 그 명사를 꾸며 주는 형용사절을 만들 수 있다.

형용사절이 영어 실력에 급변(Radical Change) 효과를 주는 이유는 그 형용사절 속에 있는 명사 주변에 또 다른 '형용사', '전치사+명사', '형용사절'을 쓸 수 있기 때문이다. 그리고 그 형용사절 안에 또 '형용사', '전치사+명사', '형용사절'을 쓸 수 있으며, 그 형용사절 안에 또 그렇게 쓸 수 있다. 이렇게 타고 내려가다 보면 아마 끝도 없을 것이다.

Grammar Check

1. 문장의 길이를 길게 늘리거나 문장의 수준을 높이기 위해 쓰는 방법으로 이번 강의에서 강조한 세 가지 방법은?

2. 문장의 수준을 높이는 이 세 가지 방법을 사용하면 기존 문장의 문법틀에 근본적인 변화를 주게 된다.　　Ⓣ ｜ Ⓕ

3. 문장의 수준을 높이는 이 세 가지 방법을 한 문장 안에 모아서 쓸 수 있다.　　Ⓣ ｜ Ⓕ

Comprehension Quiz

1. 다음 빈칸에 '명사'라는 단어를 넣을 수 있는 곳을 모두 나열한 것은?

   - 문장의 가장 이상적인 단어 배열은 (A) + (B) + (C) / (D) + (E) 다.
   - 문장을 길게 쓰고 싶을 때에는 (F) 주변에 형용사, 전치사+명사, 형용사절을 끼워 넣는 것이 가장 효과적이다.

   ① (A), (C), (E), (F)
   ② (A), (C), (E)
   ③ (A), (E), (F)
   ④ (A), (B), (C), (D), (E)

2. 다음 문장에서 형용사를 쓸 수 있는 기본적인 위치를 모두 찾으세요.

   ① People ② are saying ③ things like ④ places.
   사람들은 장소와 같은 것들을 얘기하고 있다.

3. 본 강의에서 배운 대로, '전치사+명사'를 추가해서 문장을 늘릴 수 있는 기본적인 위치를 모두 찾으세요.

   ① Campers ② should ③ stay in this area ④.
   야영객들은 이 지역 안에 머물러 있어야 해요.

4. 다음 문장의 내용상 'I have'를 끼워 넣을 수 있는 곳은 어디인가요?

   ① This ② discount ticket ③ costs ④ only 10 dollars.

5. 다음 중 문장 속에 끼워 넣을 수 있는 문법이 아닌 것은 무엇인가요?
   ① 분사   ② 문장   ③ 전치사구   ④ 관사

6. 다음 중 문장에서 빼면 그 문장이 문법적으로 틀리게 되는 문법은 무엇인가요?
   ① 전치사구   ② 형용사   ③ 접속사   ④ 문장

7 아래에서 'Big Bang Effect를 주는 형용사절'을 모두 찾아서 밑줄을 그으세요.

> I was sitting in the subway. I was half asleep. I felt an old woman standing in front of me. I did not want to give the seat I have to her. I pretended to sleep. When the subway arrived at the station I needed to get off at, I raised my head and looked at the old woman. Surprisingly, it was my mother. I asked why she didn't tell me. She said, "I didn't want to wake you up because you looked tired."

8 다음 문장을 읽고 각 질문에 답해 보세요.

> I found my credit card.

(1) 전치사구를 추가해서 위의 문장을 늘려 보세요.

→ _____

(2) 문장을 추가해서 위의 문장을 늘려 보세요.

→ _____

Reading & Writing **Practice**

[1~5] 다음 문장을 해석해 보세요.

1. I like the pictures you took during your trip.
   _____

2. You have to understand the key point the teacher emphasized in this chapter.
   _____

3. Did you see my sunglasses I was wearing in the morning.
   _____

4. I don't believe the rumor I heard from them.
   _____

5. I watched the movie people and magazines are talking about.
   _____

[6~9] 다음 문장을 영어로 옮기세요.

6. 나는 그녀가 준 쇼핑 목록을 쇼핑몰 안에서 잃어버렸어.
   _____

7. 네가 건 전화번호는 010-1234-0000이야.
   _____

8. 나는 내가 도서관에서 읽은 그 책을 사고 싶어요.
   _____

9. 내가 제주에서 만난 사람들은 모두 친절했어요.
   _____

문장의 수준을 높이는 네 단계

 Learning Goals

끼워 넣는 문법으로 문장을 길게 쓰는 데 자신감을 갖자.

끼워 넣는 문법의 특징에 대해서 살펴보자.

문장 속에 '형용사', '전치사+명사(부연 설명)', '또 다른 문장'을 끼워 넣으면 원래의 문장이 길어지는 효과를 볼 수 있다. 이 세 가지 방법을 문장 속에서 어떻게 쓰고 또 뺄 수 있는지 살펴보도록 하자.

06 LECTURE 문장의 수준을 높이는 네 단계

1. 영어로 길게 쓰고 싶다면 한 곳에 모으라

1단계   가장 빈도수 높은 단어 배열로 문장 만들기

명사	+	동사	+	명사	/	전치사	+	명사
Students		memorize		words		for		the test.

2단계   명사 앞에 형용사 끼워 넣기

Many [students] memorize important [words] for the final [test].

3단계   명사 뒤에 '전치사+명사' 끼워 넣기

Many [students] in this course momorize important [words] in the book for the final [test] before the summer vacation.

▶ '전치사+명사'는 위치가 자유롭지만, 주로 문장 뒤에 위치하는 것이 보기에 좋다. '전치사+명사'를 문장 앞에 쓸 경우에는 강조의 뉘앙스를 가진다.

4단계   명사 뒤에 문장 끼워 넣기

Many [students] I am teaching in this course memorize important [words] they learned in the book for the final [test] everyone should take for the graduation before the summer vacation.

Grammar Package

'형용사' 끼워 넣기 → '전치사+명사' 끼워 넣기 → '문장' 끼워 넣기의 순서로 점점 더 글의 수준을 높일 수 있다.

2. 끼워 넣는 문법의 특징

문장의 수준을 높이는 세 가지 방법, 즉 명사 앞에 '형용사' 끼워 넣기, 명사 뒤에 '전치사+명사'

끼워 넣기, 명사 뒤에 '문장' 끼워 넣기를 한 곳에 모아서 쓰는 것이 가능한 이유는, 세 가지 방법이 모두 끼워 넣는 문법이므로 문법의 영향을 받지 않고 자유롭게 넣고 뺄 수 있기 때문이다. 여러분도 이 세 가지 방법을 잘 사용해 보자.

> **TIP** 영어권 사람들이 실생활에서 매번 문장을 길게 표현하는 것은 아니다. 필요에 따라서 문장의 길이를 조절하여 사용하게 되는데, 이 세 가지 방법은 문법의 영향을 받지 않는다는 장점이 있다는 것을 알고 있어서 이 세 가지 방법들을 넣었다 뺐다 하면서 문장의 길이를 조절하는 것이다.

1단계   명사 앞에 있는 형용사 빼기

Many │students│ I am teaching in this course memorize important │words│ they learned in the book for the final │test│ everyone should take for the graduation before the summer vacation.

이 과정[강좌]에서 내가 가르치고 있는 많은 학생들은 모든 사람들이 여름 방학 전에 졸업을 위해서 치러야 하는 그 기말시험을 위해서 그들이 책에서 배운 중요한 단어들을 외운다.

→ │Students│ I am teaching in this course memorize │words│ they learned in the book for the │test│ everyone should take for the graduation before the summer vacation.

이 과정[강좌]에서 내가 가르치고 있는 학생들은 모든 사람들이 여름 방학 전에 졸업을 위해서 치러야 하는 그 시험을 위해서 그들이 책에서 배운 단어들을 외운다.

2단계   명사 뒤에 있는 '전치사+명사' 빼기

│Students│ I am teaching in this course memorize │words│ they learned in the book for the │test│ everyone should take for the graduation before the summer vacation.

이 과정[강좌]에서 내가 가르치고 있는 학생들은 모든 사람들이 여름 방학 전에 졸업을 위해서 치러야 하는 그 시험을 위해서 그들이 책에서 배운 단어들을 외운다.

→ │Students│ I am teaching memorize │words│ they learned for the │test│ everyone should take for the graduation.

내가 가르치고 있는 학생들은 모든 사람들이 졸업을 위해서 치러야 하는 그 시험을 위해서 그들이 배운 단어들을 외운다.

3단계   명사 뒤에 있는 '문장' 빼기

│Students│ I am teaching memorize │words│ they learned for the │test│ everyone should take for the graduation.

내가 가르치고 있는 학생들은 모든 사람들이 졸업을 위해서 치러야 하는 그 시험을 위해서 그들이 배운 단어들을 외운다.

| 명사 | + | 동사 | + | 명사 | / | 전치사 | + | 명사 |

Students memorize words for the test.
학생들은 그 시험을 위해서 단어들을 외운다.

결국, 다시 가장 이상적인 문장의 단어 배열로 쓰인 문장이 되었다. 즉, 글의 수준을 높이기 위해서 사용된 이 세 가지 방법은 문장에서 빼도 문법에 영향을 주지 않는 끼워 넣는 문법이라는 것을 증명하게 된다. 이 방법들은 문장의 길이를 조절하기 위해서 얼마든지 넣고 뺄 수 있는 것이다.

3 명사 뒤에 문장 끼워 넣기

Notice 문법적으로는 모든 명사 뒤에 문장을 끼워 넣을 수 있지만, 내용상 말이 자연스러워야 한다.

(1) students ⌐I know⌐ 내가 아는 학생들
　　　명사　　주어+동사 (문장)

students ⌐we remember⌐ 우리가 기억하는 학생들
　명사　　　주어+동사 (문장)

students ⌐I like⌐ 내가 좋아하는 학생들
　명사　　주어+동사 (문장)

students ⌐I miss⌐ 내가 그리워 하는 학생들
　명사　　주어+동사 (문장)

students ⌐you boiled⌐ 네가 끓인 학생들 (?) → 내용이 자연스럽지 않음.
　명사　　주어+동사 (문장)

(4) my friends ┌you know┐ 네가 아는 내 친구들
　　　명사　　　주어+동사 (문장)

my friends ┌we remember┐ 우리가 기억하는 내 친구들
　명사　　　주어+동사 (문장)

my friends ┌I like┐ 내가 좋아하는 내 친구들
　명사　　주어+동사 (문장)

my friends ┌I miss┐ 내가 그리워 하는 내 친구들
　명사　　주어+동사 (문장)

my friends ┌he meets┐ 그가 만나는 내 친구들
　명사　　　주어+동사 (문장)

my friends ┌you drink┐ 네가 마시는 내 친구들 (?) → 내용이 자연스럽지 않음.
　명사　　　주어+동사 (문장)

Grammar Check

1. 아주 쉽고 빠르게 문장의 수준을 높이는 데 효과적으로 사용할 수 있는 문법은?
2. '형용사', 'Explosive Effect'를 주는 '전치사＋명사', 'Big Bang Effect'를 주는 '형용사절'은 모두 문장에 끼워 넣는 문법이라고 할 수 있다.　　　Ⓣ ｜ Ⓕ
3. 문장에 끼워 넣는 문법은 생략하면 문장의 문법에 큰 지장을 준다.　　　Ⓣ ｜ Ⓕ
4. 문장 속에 끼워 넣는 문법 중 가장 길고 자세하게 쓸 수 있어서 글의 수준을 높일 수 있는 것은?
5. 문장에서 'Radical Change Effect'를 주기 위해 끼워 넣는 위치는?
6. 문장에서 끼워 넣는 문법을 쓰기 위해 제일 먼저 해야 하는 것은?
7. 위(6번)에 이어서 문장에 'Big Bang Effect'를 주기 위해 해야 할 일은?
8. 문장에서 'Explosive Effect'를 주기 위해 끼워 넣을 수 있는 위치는?
9. '형용사', '전치사구', '형용사절'을 모두 한 문장 안에 쓸 수 있다.　　　Ⓣ ｜ Ⓕ

Comprehension Quiz

1. 다음 중 해석이 잘못된 것을 고르세요.
   ① the sound we can hear 우리가 들을 수 있는 소리
   ② a style you like 네가 좋아하는 스타일
   ③ someone I know 누군가 알고 있는 나
   ④ a chance I don't want to miss 내가 놓치고 싶지 않은 기회

2. Big Bang Effect를 주는 끼워 넣는 문장(형용사절)을 쓸 수 있는 자리로 올바른 곳은 어디인가요?
   ① 모든 명사 뒤   ② 모든 형용사 뒤   ③ 모두 부사 뒤   ④ 모든 전치사 뒤

3. 문장 하나에 몇 개의 Big Bang Effect를 주는 문장(형용사절)을 끼워 넣을 수 있나요?
   ① 명사의 개수만큼   ② 문장의 단어 개수만큼
   ③ 문장의 앞과 뒤 두 개   ④ 관사의 개수만큼

4. 다음 각 문장에서 밑줄 친 부분을 문장 앞으로 보냈을 때 Big Bang Effect를 주는 문장(형용사절)이 되지 <u>않는</u> 것을 고르세요.
   ① She have been drawing <u>the picture</u>.
   ② I saw <u>the same sign</u>.
   ③ I am interested in <u>cars so much</u>.
   ④ We study <u>English</u>.

5. 밑줄 친 단어 뒤에 쓸 수 있는 말이 아닌 것을 고르세요.

   > The <u>name</u> was on the list.

   ① you mentioned   ② I knew   ③ his friend   ④ she said

6. 끼워 넣는 문법을 사용해서 아래의 긴 문장을 만들 때 기초가 된 문장은 무엇인가요?

   > We have a dream we want to achieve in the future.

   ① We have.   ② We have a dream.
   ③ We have a dream in the future.   ④ We have a dream we want.

Comprehension Quiz

7 다음 문장의 빈칸에 차례로 들어갈 말로 내용상 어색한 것을 고르세요.

> The life _____ is like a mirror _____.
> Smile at it, and it smiles back at you. (Peace Pilgrim)

① you have lived, at home
② God has given you, in front of you
③ we have, on the wall
④ you bought, in your stomach

8 다음 중 명사 (the) advice를 꾸며 주고 있는 말이 아닌 것은 무엇인가요?

① the advice he gave
② the sincere advice
③ the advice for you
④ the advice saved me

Reading & Writing **Practice**

[1~5] 다음 문장을 해석해 보세요.

1 The answer you changed was the right answer.
_____

2 This is the chance I have been waiting for.
_____

3 He is the person you are supposed to meet in the office.
_____

4 I will never forget the day I met you in the elevator.
_____

5 The bag you have and the bag I have at home are the same.
_____

[6~9] 다음 문장을 영어로 옮기세요.

6 네가 먹은 음식은 내 거였어.
_____

7 나는 네가 준 선물이 정말 맘에 들어.
_____

8 나는 네가 나에게 말한 그 게임을 다운로드 받았어.
_____

9 이것들이 제가 어렸을 때 읽었던 책들이에요.
_____

Lecture 07

주격 관계대명사 'that'

 Learning Goals

명사 뒤에 새로운 주어로 시작하는 문장을 써 보자.

명사 뒤에 앞의 명사(선행사)와 같은 주어로 문장을 써 보자.

앞의 명사(선행사)와 같은 주어로 문장을 쓸 때 동일한 주어의 반복을 피하기 위해서 사용하는 '주격 관계대명사'에 대해서 살펴보자.

문장의 수준을 높이는 세 가지 방법을 확실히 익히면 문장의 구조 파악에 많은 도움이 된다. 이제는 문장이 조금이라도 길다고 생각되면 그 안에는 틀림없이 '형용사', '전치사+명사', '형용사절'이 사용되었음을 눈치챌 수 있어야 한다. 명사 주변에는 늘 이 세 가지 문법들이 쓰이기 때문에 명사 주변을 잘 파악해야 한다.

주격 관계대명사 'that'

1. 명사 뒤에 문장을 끼워 넣는 두 가지 방법

(1) 명사 **+** 새로운 주어로 시작하는 문장

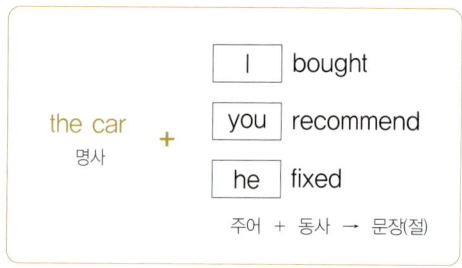

(2) 명사 **+** 앞의 명사와 같은 주어로 시작하는 문장

모든 언어가 마찬가지겠지만, 영어는 특히나 반복을 싫어한다. 'the car the car runs fast(빨리 달리는 차)'라고 명사 뒤에 같은 명사(=주어)로 시작하는 문장을 붙이게 되면 같은 단어가 반복이 된다. 이때 반복되는 명사(=주어)는 생략함으로써 그 반복을 피하려고 한다.

그러나 뒤에 오는 문장의 주어가 반복되는 것을 피하기 위해서 생략만 하고 놔 두면 앞에 있는 명사가 주어 역할을 하게 되므로 다시 새로운 하나의 문장 'the car runs fast(그 차는 빨리 달린다)'가 만들어지고 만다. 이런 혼동을 방지하기 위해서 반복되는 주어를 생략하고 그 자리에 그 주어를 대신하여 단어 'that'을 써 준다. 따라서 여기에서 'that'은 'the car'를 대신해서 말하고 있다는 것을 눈치채야 한다. 이것을 후에 영문법 학자들이 '내용상 관계가 있는 두 개의 반복되는 단어 중 하나를 대신해서 쓴 명사'라고 했고 이것을 줄여 '관계대명사'라고 부르게 되었다. 여기에서 'that'은 주어(=the car)를 대신해서 썼다고 하여 '주격 관계대명사'라고 말하며, 이 용법을 '주격 관계대명사 용법'이라 한다.

Grammar Package

영어는 반복을 싫어한다. ⟶ 과감하게 지운다.

반복을 피하기 위해서 생략하는 방식은 영어 곳곳에 쓰이고 있다. 다음의 내용들은 이미 앞에서 배운 것들이다.
- 과거 동사 closed: close+-ed → closed (반복되는 철자 'e' 생략.)
- in order to = (in order) to: 반복 사용을 피하기 위해서 'in order'를 생략.
- 전치사+to 부정사 (×) → 전치사+-ing: 전치사의 to와 to 부정사의 to가 반복되는 것을 피하기 위해서 to를 생략하고 그 자리에 동명사 '-ing'를 사용.

TIP 'that'으로 바꾸는 이유는 'that'이 반복되는 단어나 표현을 대신해서 부르는 '그것'이라는 뜻을 이미 가지고 있기 때문이다.
That one! 그것! (앞에서 반복되어 서로 알고 있는 그것.)
Give me that! 그것 주세요! (서로 알고 있는 그것.)

2 주어의 반복을 피하는 '주격 관계대명사 that'

명사 뒤에 끼워 넣는 문장(명사 + 동사 + 명사 / 전치사 + 명사)이 앞의 명사(선행사)와 같은 주어로 시작하는 경우, 같은 단어의 반복을 피하기 위해서 내용상 관계가 있는 두 개의 반복되는 단어 중 하나를 다른 단어로 바꾼다.

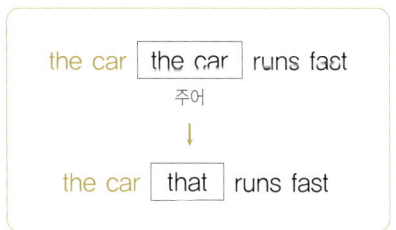

Grammar Package

내용상 관계가 있는 두 개의 반복되는 단어 중 하나를 대신해서 쓴 명사 → 관계대명사
관계대명사 'that'은 주어를 대신해서 쓰임. → 주격 관계대명사 용법

- The idea the idea is informative
  　　　　　주어

  ▶ 내용상 관계가 있는 두 개의 반복되는 'the idea' 중 하나를 'that'으로 바꾼다.

  = The idea that(=the idea) is informative 유익한 아이디어
  　　　주어(주격 관계대명사)

- A movie a movie was interesting
  　　　　주어

  ▶ 내용상 관계가 있는 두 개의 반복되는 'a movie' 중 하나를 'that'으로 바꾼다.

  = A movie that(=a movie) was interesting 재미있는 영화
  　　　주어(주격 관계대명사)

- People people helped me
  　　　주어

  ▶ 내용상 관계가 있는 두 개의 반복되는 'people' 중 하나를 'that'으로 바꾼다.

  = People that(=people) helped me 나를 도와준 사람들
  　　　주어(주격 관계대명사)

- Water water is boiling
  　　　주어

  ▶ 내용상 관계가 있는 두 개의 반복되는 'water' 중 하나를 'that'으로 바꾼다.

  = Water that(=water) is boiling 끓고 있는 물
  　　　주어(주격 관계대명사)

이렇게 해서 명사 뒤에 문장을 자유롭게 쓸 수 있는 방법이 만들어지게 되었다. 그리고 이러한 말투는 아주 쉽게 한두 번의 경험만으로도 쓰고 말할 수 있는 쉬운 문법이 되면서 빠른 속도로 사람들의 입에 오르내리기 시작했다. 많은 사람들이 이러한 말투를 사용함에 따라 드디어 이러한 말투에 이름이 붙여지게 되었다. 관계대명사 'that'이 주어 역할을 하고, 또한 앞에 있는 명사(선행사)를 꾸며 주고, 결과적으로는 형용사 역할을 하는 문장(=절)이라 하여 '형용사절'이라고 부르게 된 것이다.

Grammar Check

1. 명사 앞에 끼워 넣는 단어/표현과 명사 뒤에 끼워 넣는 단어/표현이 하는 일은?

2. 명사 앞에 끼워 넣는 형용사와 명사 뒤에 끼워 넣는 형용사의 결정적인 차이점은?
3. 형용사절은 명사 뒤에 문장을 쓴 것이다. ⓣ Ⅰ ⓕ
4. 형용사절은 끼워 넣는 문법이다. ⓣ Ⅰ ⓕ
5. 형용사절은 문장의 기본적인 문법 형태에 큰 영향을 준다. ⓣ Ⅰ ⓕ
6. 형용사절은 가장 빈도수 높은 문장의 단어 배열(명사+동사+명사 / 전치사+명사)에서 어디에 끼워 넣어야 할까?
7. 형용사 끼워 넣기, 부연 설명 끼워 넣기(Explosive Effect), 형용사절 끼워 넣기(Bing Bang Effect) 중에서 전체 문장을 가장 길고 자세하게 쓸 수 있는 방법은?

Comprehension Quiz

1. 다음 빈칸에 들어갈 알맞은 단어를 순서대로 짝지은 것을 고르세요.

   > 명사 앞에서 명사를 꾸며 주는 단어를 (　　)라고 하며,
   > 명사 뒤에서 명사를 꾸며 주는 문장을 (　　)이라고 한다.

   ① 형용사 – 형용사절
   ② 형용사 – 전치사구
   ③ 형용사 – 관계대명사
   ④ 전치사 – 형용사절

2. 다음 빈칸에 들어갈 알맞은 단어를 순서대로 짝지은 것을 고르세요.

   > 한 문장에서 내용상 관계가 있는 두 개의 반복되는 단어 중 하나를 대신해서 쓰는
   > 명사를 일컬어 (　　)라 하고, 그 자리에는 (　　)을[를] 써 넣을 수 있다.

   ① 관계대명사 – that
   ② 주격 용법 – that
   ③ 관계대명사 – to
   ④ 주격 용법 – to

3. 아래 문장에서 밑줄 친 that은 무엇을 대신해서 쓴 명사인가요?

   > I thought and thought about her opinion <u>that</u> was against my plan.
   > 나는 나의 계획에 반대하는 그녀의 의견에 대해서 생각하고 또 생각해 보았어요.

   ① thought　　② her opinion　　③ her　　④ my plan

4. 아래 문장에서 밑줄 친 that은 무엇을 대신해서 쓴 명사인가요?

   > What do you think about the shirt <u>that</u> was displayed in the second row?
   > 두 번째 줄에 진열된 그 셔츠 어떻게 생각하니?

   ① you　　② the shirt　　③ what　　④ the second

[5~6] 다음 〈보기〉를 보고 물음에 답하세요.

〈보기〉 (1) The smell made me dizzy.
(2) The smell came from the hole.

5 (1)번 문장을 (2)번 문장 속에 넣어 한 문장으로 바르게 만든 것을 고르세요.

① The smell made me dizzy that came from the hole.
② The smell from the hole came and made me dizzy.
③ The smell came from the hole that made me dizzy.
④ The smell that made me dizzy came from the hole.

6 (2)번 문장을 (1)번 문장 속에 넣어 한 문장으로 바르게 만든 것을 고르세요.

① The smell that came from the hole made me dizzy.
② The smell from the hole came and made me dizzy.
③ The smell came from the hole that made me dizzy.
④ The smell made me dizzy that came from the hole.

7 다음 문장 속에 쓰인 형용사절을 찾아 밑줄을 그어 보세요.

He that seeks trouble always finds it.

8 각각 제시된 말을 형용사절로 사용하여 해석에 맞게 영어로 문장을 만들어 보세요.

(1) 내가 읽고 있는 그 책은 얇다. (Word Tips: thin)
I am reading
→ _____

(2) 이것들이 현재까지 도움이 된 자료들이야. (Word Tips: the materials)
that have been helpful
→ _____

(3) 나는 사려 깊은 사람이 좋아. (Word Tips: a person)
who is thoughtful
→ _____

Reading & Writing Practice

[1~5] 다음 문장을 해석해 보세요.

1. The bus that comes now goes to Seoul Station.
   _____

2. Don't wear a skirt that is too short or too colorful in the office.
   _____

3. I don't want to miss the TV drama that is on Tuesday and Thursday.
   _____

4. What is the thing that moves up and down?
   _____

5. You gave the speech that touched everybody.
   _____

[6~9] 다음 문장을 영어로 옮기세요.

6. 여기 주변에 있는 대부분의 가게들은 오전 11시에 열어요.
   _____

7. 이것은 끝내려면 추가 시간이 필요한 일이에요.
   _____

8. 나는 비싸지 않은 기념품을 찾고 있는 중이에요.
   _____

9. 나는 진열장에 전시된 그 드레스가 맘에 들어요.
   _____

Lecture 08

선행사와 관계사

 **Learning Goals**

- '선행사'에 대해서 살펴보자.
- 선행사에 따른 관계사의 종류에 대해서 살펴보자.

관계대명사 that 이외의 다른 관계사에 대해서 자세히 알아보자.

08 LECTURE 선행사와 관계사

1 선행사: 명사

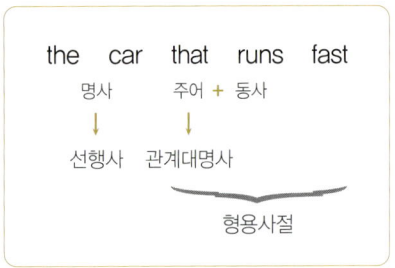

앞에서 배웠듯이, 'that'은 반복되는 두 개의 단어 중 하나를 대신해서 쓴 명사라고 해서 '관계대명사'라는 이름을 붙였고, 그 관계대명사가 포함된 문장이 형용사 역할을 한다고 하여 '형용사절'이라는 이름을 붙였다. 관계대명사 바로 앞에 있는 단어에도 이름을 붙여 주었는데 관계대명사 'that'이 무엇 대신에 쓰였는지를 앞쪽에서 알려 주는 단어라고 하여 '선행사'라고 부르게 되었다. 이들 '관계대명사', '형용사절', '선행사'는 항상 함께 존재하고 있다는 것을 알아 두자.

2 관계대명사 that이 있는 형용사절 만들기

1단계　명사(선행사) 쓰기

2단계　선행사 뒤에 that 쓰기

3단계　that 뒤에 동사를 써서 문장 만들기 (이때 that이 주어가 됨.)

(1)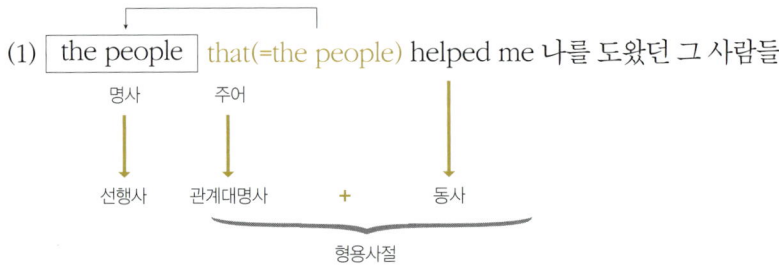

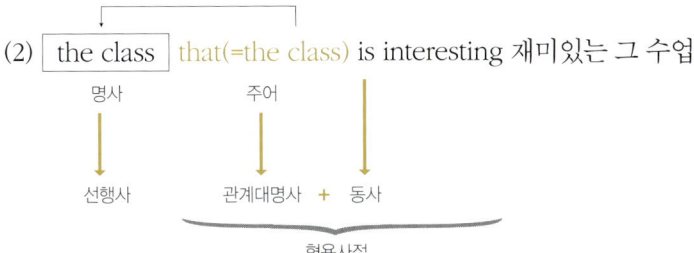

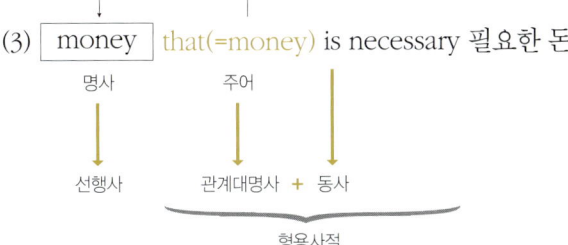

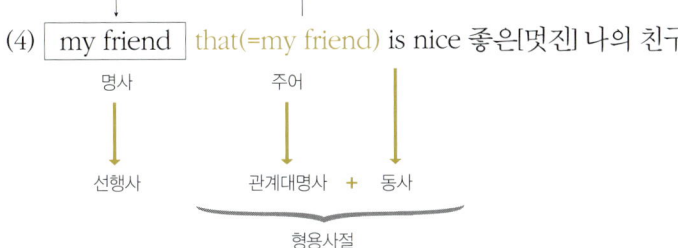

Grammar Package

선행사, 관계대명사 that, 형용사절이 한 묶음의 말을 형성한다.

3 선행사에 따른 관계사의 종류

선행사의 종류(사람, 사물, 장소, 날짜 등)에 따라서 관계사의 종류가 달라진다. 그런데 실생활에서는 선행사를 구분하기가 모호한 때가 자주 있어서 선행사와 관계사를 100% 일치시킬 수 없는 경우가 생기기도 한다. 예를 들어서, 영화에 나오는 주인공이 사람이 아닌 경우에는 어떻게 해야 할까? 슈퍼맨, 헐크, 그리고 인어공주를 사람으로 보고 관계대명사 who를 써야 할까, 아니면 사람이 아니므로 which를 써야 할까?

이와 같이 선행사가 불분명한 경우가 자주 생겨나면서 요즘에는 선행사의 종류에 상관없이 쓸 수 있는 관계대명사 'that'을 선호하는 추세다. 특히, speaking에서 이런 현상이 두드러진다.

선행사의 종류	관계사의 종류	
사람	who (whom)	
사물	which	→ that
장소	where	
날짜	when	
물건의 소유	whose	

I bought the bag which(=the bag) is expensive. 나는 비싼 그 가방을 샀다.

I bought the bag that(=the bag) is expensive.

I know the building which(=the building) is in Seoul. 나는 서울에 있는 그 빌딩을 알고 있다.

I know the building that(=the building) is in Seoul.

Grammar Knowledge

실생활에서 선행사의 구별이 모호한 경우가 있으므로 관계대명사를 that으로 통일하여 사용하는 것을 Simplified English 또는 Practical English라고 한다. 그래도 선행사가 '사람'인 경우에는 관계대명사 'who'를 쓰는 것이 일반적이다. 만일 선행사가 사람인 경우에 who를 쓰지 않고 that을 쓰면 그 사람을 낮춰서 부르거나 얕잡아 부른 것이 되므로 조심해야 한다.

the man who lives with them 그들과 사는 남자
선행사 관계대명사

= the man that lives with them
선행사 관계대명사

the house where she lives 그녀가 사는 집
선행사 기능상 관계대명사(반복되는 단어 중 하나를 대신해서 씀.)
      의미상 관계부사(내용상 동사 'lives'를 꾸며 줌.)

= the house in which she lives

= the house which she lives in

= the house that she lives in

the day when we met 우리가 만난 날
    선행사   기능상 관계대명사(반복되는 단어 중 하나를 대신해서 씀.)
                의미상 관계부사(내용상 동사 'met'을 꾸며 줌.)

= the day at which we met

= the day which we met at

= the day that we met at

Grammar Knowledge

단어 두 개를 사용한 말 in which, on which, at which를 좀 더 간단하게 만든 것이 단어 하나를 사용한 말 where와 when이다. 이러한 말투는 관련 문법 용어(terminology)가 생기기 오래 전부터 사용되어 왔다. 두 단어로 된 말 in which가 한 단어로 된 말 where, when으로 흘러가면서 단어 하나를 사용한 말의 근원이 되었다. 다시 말해서 in which가 있었기 때문에 이 두 단어를 한 단어로 고친 where, when이 사용되었다는 뜻이다. 그래서 이 두 가지 말투는 문법적인 뿌리가 같다. 나중에 문법 용어가 만들어졌을 때 두 단어를 사용한 말의 which를 '관계대명사'라고 했고 한 단어를 사용한 말 where, when은 '관계부사'라고 이름을 붙였다. 부사라고 한 이유는 내용상 동사를 꾸며 주기 때문이다.

덧붙여, 관계부사는 관계대명사에 속한다. 모든 관계부사는 관계대명사로 바꿀 수 있으나, 반대로 모든 관계대명사를 관계부사로 바꾸지는 못한다.

- the house **in which** I live
  - the house를 사물로 보는 관점 (which의 사용)
  - 두 단어(in+which)로 쓸 때의 단점: 길고 복잡하다.
- the house **where** I live
  - the house를 장소로 보는 관점 (where의 사용)
  - 한 단어(where)로 쓸 때의 장점: 간단하다.

Grammar Knowledge

where와 when이 관계대명사에 소개가 되어서 좀 이상하다고 생각하는 분들이 있을 것이다. where, when 그리고 why, how는 흔히 '관계부사'라고 하는데 그 배경을 설명해 보자면 이러하다.

전치사와 관계대명사를 함께 쓸 때에는 말하는 사람이 어떤 전치사가 쓰일지 미리 알고 있다가 그 전치사를 관계대명사 앞에 먼저 써 주거나 아니면 문장이 끝날 때까지 기억하고 있다가 뒤에 써 준다.

the house **in which** she lives
the house **which** she lives **in**

아무래도 다른 관계대명사보다 좀 더 신경이 쓰일 수밖에 없다. 흔히 일어나는 실수로 해당 전치사를 종종 빠뜨리게 된다.

이러한 불편함을 해소하기 위해서 전치사를 쓸 필요가 없는 관계대명사를 사용하게 되는데, 그것이 바로 where, when, why, how이다. 이 관계대명사들은 전치사와 관계대명사를 그 안에 포함하고 있다고 보면 된다. where 안에는 in/on/at which, when 안에는 in/on/at which가 있으며 why 안에는 for which, 그리고 how 안에는 in which가 있다고 보면 된다. 그러므로 어떤 전치사를 쓸지, 위치는 어디에 놓을지 걱정할 필요 없이 그냥 선행사 뒤에 where, when, why, how를 쓰면 된다. 이 덕분에 말을 하고 글을 쓰는 속도가 좀 더 빨라지고 전치사 때문에 실수할 일도 없어지게 된다.

the house **where** she lives

이 where, when, why, how는 바로 앞에 있는 선행사를 꾸며 주는 형용사절의 관계대명사로도 쓰이면서 자신이 속해 있는 형용사절 안에 있는 동사를 내용상 꾸며 주기도 한다(그녀가 산다 → 어디에 사는지). 그래서 다른 관계대명사에서는 찾아볼 수 없는 동사를 꾸며 주는 능력을 where, when, why, how가 가지고 있으므로 '관계부사'라고도 부르는 것이다.

Grammar Check

1. 관계대명사는 관계가 있는 두 개의 반복되는 단어 중 하나를 대신해서 쓴 _____을 일컫는 말이다.
2. 관계대명사 that이 주어라는 격식으로 쓰였을 때 부르는 이름은?
3. 어떤 단어 대신 쓰였는지 알게 해 주는 that 앞에 있는 단어를 부르는 이름은?
4. 관계대명사 that은 항상 선행사 뒤에 온다. Ⓣ | Ⓕ
5. 선행사로 명사를 포함하여 형용사나 부사 모두 쓸 수 있다. Ⓣ | Ⓕ
6. 선행사를 대신해서 쓴 것이 관계대명사 that이다. Ⓣ | Ⓕ
7. 선행사의 종류에 따라 that을 'who, which, where, when, whom, whose'로 나눈 이유는?
8. 선행사의 종류에 따라 that을 'who, which, where, when, whom, whose'로 나눈 후 실생활에서 일어나는 문제는?
9. 문법적으로 선행사의 종류에 따라 that을 여러 개의 관계사로 구분할 수 있지만 요즘 영어의 추세는 어떠한가?
10. 형용사절의 시작을 알리는 신호는?
11. 실생활에서 많이 쓰는 형용사절의 시작을 알리는 신호는?

Comprehension Quiz

1 다음 문장에서 선행사와 관계대명사를 찾아서 밑줄을 그으세요.

> The world is a dangerous place to live – not because of the people who are evil but because of the people who don't do anything about it.   – Albert Einstein –

2 다음 두 개의 문장을 한 문장으로 바르게 고친 것을 고르세요.

> • Make yourself necessary to somebody.
> • Somebody needs your help.

① Make yourself necessary to somebody who needs your help.
② Make yourself somebody who is necessary to help.
③ Make yourself necessary that somebody needs your help.
④ Make yourself who needs somebody necessary to help.

3 다음의 문장을 두 개로 올바르게 나눈 것은 무엇인가요?

> It was me who called you late at night.
> 밤늦게 전화한 사람이 나였어.

① It was me.
   You called me late at night.
② It was me.
   I called you late at night.
③ I was late at night.
   You called me.
④ It was late at night.
   You called me.

4 다음 두 개의 문장을 하나로 만든 것 중 잘못된 것을 고르세요.

> • I like the thing.
> • You have just said that.

① I like you have just said that.
② I like the thing that you have just said.
③ I like what you have just said.
④ I like the thing you have just said.

Comprehension Quiz

5 다음 두 개의 문장을 하나로 만든 것 중 잘못된 것을 고르세요.

> • He knows the place.
> • It is at the place.

① He knows where it is.
② He knows the place which it is at.
③ He knows the place at which it is.
④ He knows at which place it is.

6 다음 문장의 빈칸에 넣을 수 있는 말로 잘못된 것은 무엇인가요?

> Anyone _____ first will get the chance first.
> 누구든지 맨 먼저 _____ (하)는 사람이 먼저 그 기회를 갖게 될 거예요.

① who comes
② who answers
③ who access
④ who volunteers

7 다음 문장의 빈칸에 들어갈 수 있는 말로 올바르지 않은 것은 무엇인가요?

> Cultures that _____ are important, too.

① seem to be different
② they have
③ are from other countries
④ similar to ours

Reading & Writing **Practice**

[1~5] 다음 문장을 해석해 보세요.

1 It is the construction work which causes this traffic jam.
   _____

2 The 3-D TV which is made in Korea is well-known.
   _____

3 That is the only one which is cheaper than this.
   _____

4 Do you know the place which he lives in?[Do you know where he lives?]
   _____

5 I remember the year in which we worked together.[I remember the year when we worked together.]
   _____

[6~9] 다음 문장을 영어로 옮기세요.

6 피곤한 사람은 누구든지 여기에서 쉴 수 있어요.
   _____

7 누군가가 내 이름을 부르는 것이 들려요.
   _____

8 손을 흔들고 있는 그 여자는 Sonya예요.
   _____

9 너를 기다리고 있었던 사람이 나였어.
   _____

Lecture 09

형용사절과 형용사구

Learning Goals

형용사절을 형용사구로 짧게 줄이는 이유에 대해서 살펴보자.

be 동사를 포함한 형용사절을 형용사구로 고치는 방법에 대해서 살펴보자.

형용사절을 형용사구로 고치게 되는 이유에 대해서 살펴보자.

09 LECTURE 형용사절과 형용사구

1. 명사 뒤에 형용사절을 끼워 넣은 문장

[The woman] that(=the woman) is sitting on the bench is Mary.

- 명사 → 선행사
- 주어 → 관계대명사 + 동사 → 형용사절

벤치에 앉아 있는 그 여자는 Mary이다.

= [The woman] who(=the woman) is sitting on the bench is Mary.

▶ Mary가 누구인지 자세히 설명해 주기 위해 형용사절을 사용한 것이다. 그런데 이때, 'The woman'이 사람이므로 'who'를 선호한다. 만일 that을 써 주면 'The woman'의 인격을 낮추는 불쾌한 말투가 될 수 있다. 왜냐하면, 'that'은 본래 사물이나 동물, 무생물을 지칭하는 말이기 때문이다. 참고로, 앞에 있는 명사, 즉 선행사가 사람이 아닌 동물이나 사물인 경우에는 'which'를 쓸 수 있다.

2. 형용사절을 짧게 줄인 문장

The woman who/that is sitting on the bench is Mary.
               └─────── 형용사절 ───────┘

문장 'The woman who/that is sitting on the bench is Mary.'에서 '벤치에 앉아 있는'과 '그 여자는 Mary다'라는 내용 중 어느 것이 더 중요한 내용이겠는가? 바로 '그녀가 Mary다'라는 사실이다.

영어는 중요하고 강조하고 싶은 것을 문장 맨 앞으로 보내기도 하고, 또는 앞의 말을 줄임으로써 강조하는 단어나 말을 빨리 듣게 하기도 한다. 'The woman who/that is sitting on the bench is Mary.'에서 강조하고 싶은 단어 'Mary'를 문장 맨 앞으로 보내면 전체적인 문장의 구조를 다시 만들어야 하기 때문에 굉장히 복잡해진다. 그러므로 강조하고 싶은 단어 'Mary'의 앞에 있는 형용사절을 줄임으로써 Mary를 좀 더 빨리 말할 수 있게 만든다.

영어는 단어를 생략할 때 원칙이 있다. 내용에 손상을 가장 적게 주는 단어부터 생략해야 한다. 따라서 영어는 반복되는 단어를 가장 먼저 생략하는데 그 이유는 하나가 생략되어 없어져도 같은 뜻을 가진 단어가 하나 더 남아 있으므로 전체 내용을 이해하는 데 지장이 없기 때문이다.

관계대명사 'who/that'은 앞에 나오는 명사 'the woman'을 대신해서 쓴 것이므로 반복되는 것으로 본다. 그래서 'who/that'을 생략한다. 또한, 강조하고 싶은 단어 'Mary'를 빨리 말하고 듣게 하기 위해서는 'Mary' 앞에 있는 말을 가능하면 많이 줄일수록 좋다. 따라서 '~이다, 있다, ~이 되다'라는 불완전한 뜻을 가지고 있으며 생략해도 전체 내용에 큰 손상을 주지 않는 be 동사 'is'도 생략한다. who/that 그리고 is 외에 다른 단어들을 생략하면 내용의 손상이 크기 때문에 나머지 단어들은 그대로 유지한다. 바로 이것이 '형용사절'을 형용사구로 줄이는 방법과 이유들이다.

Grammar Package

형용사절을 짧게 줄인다 = 형용사구로 만든다

❶ 반복되는 관계대명사를 생략한다.
❷ 생략해도 전체 문장의 내용에 손상을 적게 주는 be 동사를 생략한다.

- The woman who/that is sitting on the bench is Mary. 벤치에 앉아 있는 그 여자는 Mary다.
  형용사절

'The woman'과 의미상 반복되는 관계대명사 'who/that'을 생략한다.
  → The woman ~~who/that~~ is sitting on the bench is Mary.

생략해도 전체 내용에 크게 손상을 주지 않는 be 동사를 생략한다.
  → The woman ~~who/that is~~ sitting on the bench is Mary.
  → The woman sitting on the bench is Mary.
       형용사구

- The boy who/that is playing the piano is Tony. 피아노를 치고 있는 그 소년은 Tony다.
  형용사절

'The boy'와 의미상 반복되는 관계대명사 'who/that'을 생략한다.
  → The boy ~~who/that~~ is playing the piano is Tony.

생략해도 전체 내용에 크게 손상을 주지 않는 be 동사를 생략한다.
  → The boy ~~who/that is~~ playing the piano is Tony.
  → The boy playing the piano is Tony.
       형용사구

- The man who/that is talking to Sam is from San Francisco.
     형용사절

Sam과 얘기하고 있는 그 남자는 샌프란시스코 출신이다.

'The man'과 의미상 반복되는 관계대명사 'who/that'을 생략한다.
→ The man ~~who/that~~ is talking to Sam is from San Francisco.

생략해도 전체 내용에 크게 손상을 주지 않는 be 동사를 생략한다.
→ The man ~~who/that is~~ talking to Sam is from San Francisco.
→ The man talking to Sam is from San Francisco.
              형용사구

Grammar Check

1. 형용사절을 형용사구로 고칠 때 빼는 단어는?
2. 형용사절을 형용사구로 고칠 때 빼지 못하고 고치기만 하는 것은?
3. 형용사절을 형용사구로 고칠 때 be 동사를 빼는 이유는?
4. 형용사절을 형용사구로 고칠 때 일반 동사를 빼지 않는 이유는?

3. be 동사를 포함한 형용사절

- The ideas that(=the ideas) are presented in that book are interesting.
              형용사절

그 책에 나온 아이디어들은 흥미롭다.

'The ideas'와 의미상 반복되는 관계대명사 'that'을 생략한다.
→ The ideas ~~that~~ are presented in that book are interesting.

생략해도 전체 내용에 크게 손상을 주지 않는 be 동사를 생략한다.
→ The ideas ~~that are~~ presented in that book are interesting.
→ The ideas presented in that book are interesting.
              형용사구

Grammar Package

관계대명사 that이 주격으로 사용되고 be 동사가 있을 경우, 관계대명사 that을 생략하고 be 동사를 생략한다.

4. 형용사절을 형용사구로 고치고 형용사만 남는 경우

• Lucy is the woman who/that(=the woman) is responsible for this.
　　　　　　　　　　　　　　　형용사절

Lucy는 이 일에 대해서 책임이 있는 여자예요.

'the woman'과 의미상 반복되는 관계대명사 'who/that'을 생략한다.
→ Lucy is the woman ~~who/that~~ is responsible for this.

생략해도 전체 내용에 크게 손상을 주지 않는 be 동사를 생략한다.
→ Lucy is the woman ~~who/that is~~ responsible for this.
→ Lucy is the woman responsible for this.
　　　　　　　　　　　　　형용사구

Grammar Package

영어에서 형용사의 위치는 일반적으로 명사 앞과 뒤에 붙게 되어 있다. 주로 명사 앞에는 단어(형용사)가, 명사 뒤에는 부연 설명(전치사+명사)이나 문장(형용사절)의 형태가 와서 바로 앞에 있는 명사를 꾸며 준다.

형용사절을 형용사구로 줄이고 나서 지금처럼 일반 형용사 'responsible'만 남게 되었을 때에는 형용사를 명사 앞에 보내는 것이 일반적인 표현 방법이다. 만일 일반 형용사인 'responsible'을 명사 뒤에 그대로 남겨 두면 강조하는 말이 된다.

Lucy is the woman responsible. → 강조하는 형태
Lucy is the responsible woman. → 일반적인 형태

5. 형용사절을 형용사구로 고치고 '전치사구'가 남는 경우
(=가장 빈도수 높은 단어 배열이 되는 경우)

• I know the students who/that(=the students) are in the class.
　　　　　　　　　　　　　　　　형용사절

나는 그 수업에 있는 학생들을 알아요.

'the students'와 의미상 반복되는 관계대명사 'who/that'을 생략한다.
→ I know the students ~~who/that~~ are in the class.

생략해도 전체 내용에 크게 손상을 주지 않는 be 동사를 생략한다.
→ I know the students ~~who/that are~~ in the class.
→ I know the students in the class.
　　　　　　　　　　　　형용사구

Grammar Package

가장 빈도수 높은 단어 배열에서 '전치사+명사' 부분은 형용사절을 형용사구로 줄인 형태로 볼 수 있다.

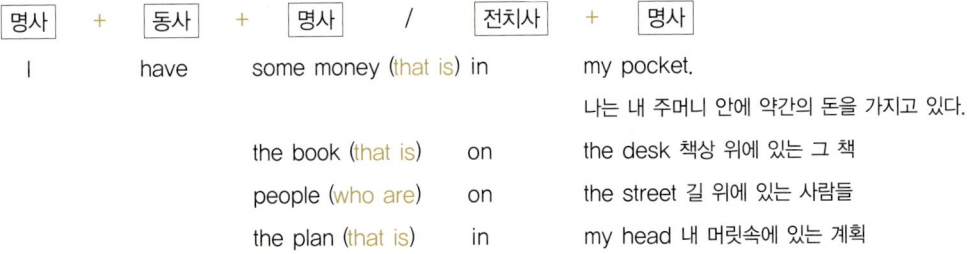

6 형용사절 안에 독립적인 자체 주어가 있는 경우

- the students who/that(=the students) I know are studying a lot.
                             형용사절

내가 아는 그 학생들은 공부를 많이 하고 있다.

→ The students I know are studying a lot.

▶ 문장 속의 주어 'I'와 의미상 반복되는 단어가 없으므로 'I'를 생략하게 되면 그 어디에서도 회복할 수가 없다. 즉, 생략하면 그 뜻을 영원히 잃어버리게 된다. 그래서 주어와 동사를 생략해서 문장을 간단하게 만드는 구로 고칠 수 없다.

Grammar Package

형용사절 안에 독립적인 자체 주어가 있는 경우 형용사구로 고치지 못한다. 왜냐하면 그 주어가 반복되는 것이 아니므로 생략하면 그 뜻이 사라져 버려서 알 수 없게 되기 때문이다. 오로지 관계대명사 who/that만 생략할 수 있다.

Grammar Package

형용사절 안에 관계대명사 who/that이 사용되고 그 뒤에 독립적인 자체 주어가 있을 경우에는 그 형용사절을 형용사구로 고치지 못한다. 그래도 가능한 한 짧게 문장을 줄이고자 할 때에는 내용상 반복되는 관계대명사 who/that만 생략할 수 있다. 이렇게 형용사절 안에 독립적인 자체 주어를 가지고 있는 경우에 사용된 관계대명사 who/that을 '목적격 관계대명사'라고 부른다. 그리고 이 '목적격 관계대명사'만 생략이 가능하다.

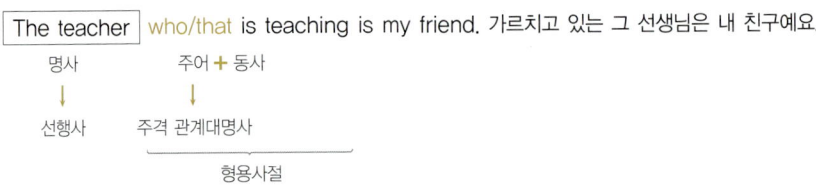

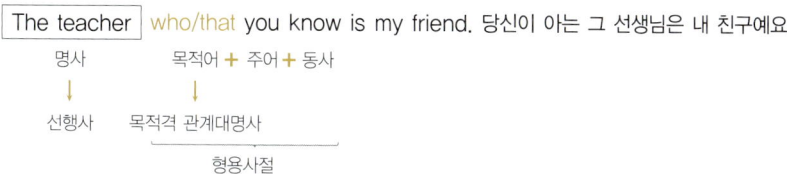

7. 일반 동사를 포함한 형용사절

- Anyone who(=anyone) wants to come with us is welcome.
  　　　　　　　　형용사절

우리와 함께 가기를 원하는 사람은 누구든 환영이에요.

'Anyone'과 의미상 반복되는 관계대명사 'who'를 생략한다.

→ Anyone ~~who~~ wants to come with us is welcome.

일반 동사의 원형에 '-ing'를 붙여서 동사로 쓰이지 못하게 만든다.

→ Anyone ~~who~~ wants → wanting to come with us is welcome.

→ Anyone wanting to come with us is welcome.
　　　　　　　형용사구

▶ 형용사절 안에 일반 동사가 있을 경우에는 be 동사처럼 동사를 아예 생략할 수 없다. 왜냐하면 일반 동사는 be 동사와는 달리 그 뜻이 내용상 차지하는 비중이 크기 때문이다. 즉, 일반 동사를 생략하면 전체 문장의 내용을 제대로 이해할 수 없을 만큼 크게 손상을 준다. 그렇다고 동사의 모습을 그대로 놔 두면 주어와 동사가 생략되어야만 하는 '형용사구'의 형태를 가질 수 없게 된다.

Grammar Package

일반 동사를 그대로 놔 두면 그 앞에 주어 역할을 할 수 있는 여러 가지 관계대명사가 올 수 있으며 이렇게 되면 문장의 길이가 줄어드는 효과를 볼 수 없다. 그래서 일반 동사가 그 의미는 유지하되 주어를 앞에 쓸 수 없는 다른 형태로 바뀐다.

'work(일하다)'를 예로 들어서 동사가 그 의미는 유지하되 동사의 성질을 완전히 버릴 수 있도록 형태를 변형시켜 보자.

work	+	-s	→	works (동사 O)
work	+	-ed	→	worked (동사 O)
work	+	-ing	→	working (동사 X)
work	+	-er	→	worker (동사 X)

동사가 아닌 경우는 동사 뒤에 '-ing'를 붙이는 경우와 '-er'을 붙이는 두 가지 경우임을 알 수 있다.

- **'동사+-ing'**
  모든 동사 뒤에 -ing를 쓰면 동사의 성질이 사라진다. 이것은 동사의 성질을 완전히 버릴 수 있도록 만드는 유일한 방법이다.

- **'동사+-er'**
  모든 동사에 붙일 수 있는 것이 아니고, 붙일 수 있는 동사와 붙일 수 없는 동사가 있다.
  worker(○), liker(×), sayer(×), wanter(×), haver(×)

- I bought a laptop that(=a laptop) cost 900 dollars.
  　　　　　　　　　　　　　　형용사절

나는 가격이 900달러인 휴대용[노트북] 컴퓨터를 샀어요.

'a laptop'과 의미상 반복되는 관계대명사 'that'을 생략한다.

→ I bought a laptop ~~that~~ cost 900 dollars.

일반 동사의 원형에 '-ing'를 붙여서 동사로 쓰이지 못하게 만든다.

→ I bought a laptop ~~that~~ cost → costing 900 dollars.

→ I bought a laptop costing 900 dollars.
　　　　　　　　　　　　형용사구

Grammar Check !

5. 형용사절을 형용사구로 고치고 난 후, 형용사구 안에 쓰인 '-ed' 형태의 과거분사가 보인다면 무엇을 추측해 볼 수 있을까?
6. 형용사구에 남은 단어가 형용사 하나일 때 어떻게 할 수 있을까?
7. 형용사절을 형용사구로 고치지 못하는 경우는?
8. 문장 'I have waited in the restaurant that you promised to come to.(나는 네가 오기로 약속한 식당에서 기다렸어.)'에서 유일하게 생략해 줄 수 있는 것은?

8 형용사절을 형용사구로 고치기

Grammar Package

문장에서 어디까지가 형용사절인지 또는 형용사구인지 혼동된다면 그 형용사절 또는 형용사구라고 생각되는 부분을 통째로 생략한 다음 남는 문장의 문법이 맞는지 틀리는지를 보면 된다. 형용사절과 형용사구는 빼도 전체의 기본 문법에 영향을 주지 않기 때문이다.

다음과 같은 과정을 통해 형용사절을 파악할 수 있다.
❶ 관계대명사(who, which, that)를 찾아서 표시한다.
❷ 관계대명사 뒤로 동사를 찾아서 표시한다.
❸ 그 관계대명사와 동사를 포함한 문장이 형용사절이다.

- James who/that(=James) lives with his family takes care of his parents.
  형용사절

  가족과 함께 사는 James는 자기 부모님을 돌본다.

  'James'와 의미상 반복되는 주격 관계대명사 'who/that'을 생략한다.

  → James ~~who/that~~ lives with his family takes care of his parents.

  일반 동사의 원형에 '-ing'를 붙인다.

  → James ~~who/that~~ lives (→ living) with his family takes care of his parents.

  → James living with his family takes care of his parents.
  　　　　　　형용사구

- She drank water which/that(=water) was hot. 그녀는 뜨거운 물을 마셨다.
  　　　　　　　　　　형용사절

  'water'와 의미상 반복되는 주격 관계대명사 'which/that'을 생략한다.

  → She drank water ~~which/that~~ was hot.

  내용에 크게 손상을 주지 않는 be 동사를 생략한다.

  → She drank water ~~which/that was~~ hot.

  → She drank water hot.
  　　　　　　형용사구

  ▶ 'She drank water hot.'을 말할 때에는 water 다음에 약간 멈추고(pause) 나서 hot에 강세를 두어서 말을 한다. 형용사를 명사 앞에 두지 않고 뒤에 둔 그 자체가 '강조'의 의미가 있기 때문이다.

일반적인 형태로 바꾸면 'She drank hot water.'가 된다.

She drank water hot. → 강조하는 형태

She drank hot water. → 일반적인 형태

Grammar Package

'형용사+명사' = 형용사절을 줄인 형태

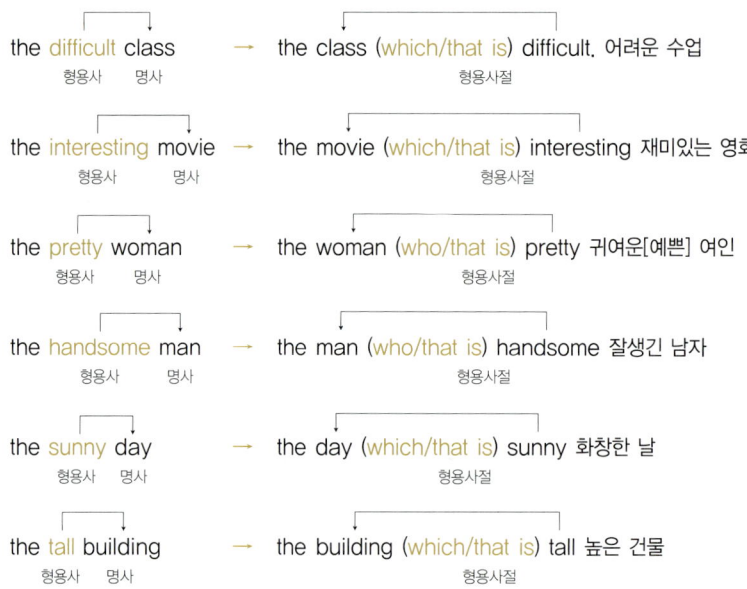

▶ '형용사+명사'와 형용사절은 같은 수준의 문법이다. 명사 뒤에 있었던 관계대명사 주어와 동사가 생략된 것으로 보면 쉽다.

- Students who/that(=students) finished the test early left the classroom.
                                      형용사절

일찍 그 시험을 마친 학생들은 교실을 떠났다.

'Students'와 의미상 반복되는 주격 관계대명사 'who/that'을 생략한다.

→ Students ~~who/that~~ finished the test early left the classroom.

일반 동사의 원형에 '-ing'를 붙인다.

→ Students ~~who/that~~ finished → finishing the test early left the classroom.

→ Students finishing the test early left the classroom.
                   형용사구

- I took the test which/that(=the test) was important last week.
  형용사절

  나는 지난주에 중요한 시험을 치렀다.

  'the test'와 의미상 반복되는 주격 관계대명사 'which/that'을 생략한다.
  → I took the test ~~which/that~~ was important last week.

  빼도 내용에 크게 손상을 주지 않는 be 동사를 생략한다.
  → I took the test ~~which/that was~~ important last week.
  → I took the test important last week.
  형용사구

  ▶ 형용사를 명사 뒤에 둔다는 것은 강조하겠다는 의미로 전달된다.
  I took the test important last week. → 강조하는 형태
  I took the important test last week. → 일반적인 형태

- The woman who/that(=the woman) was impressed in the Sunday service shouted "Sure."
  형용사절

  일요 예배에서 감동을 받은 그 여자는 "물론이죠."라고 외쳤다.

  'The woman'과 의미상 반복되는 주격 관계대명사 'who/that'을 생략한다.
  → The woman ~~who/that~~ was impressed in the Sunday service shouted "Sure."

  빼도 내용에 크게 손상을 주지 않는 be 동사를 생략한다.
  → The woman ~~who/that was~~ impressed in the Sunday service shouted "Sure."
  → The woman impressed in the Sunday service shouted "sure."
  형용사구

  ▶ 형용사를 뒤에 둔다는 것은 강조하겠다는 의미로 전달된다.
  The woman impressed in the Sunday service shouted "Sure." → 강조하는 형태
  The impressed woman in the Sunday service shouted "Sure." → 일반적인 형태
  cf. In the Sunday service the impressed woman shouted "Sure." → 부연 설명 강조 형태

9. 형용사절을 형용사구로 고칠 수 없는 경우

- Who took my book which/that(=my book) I bought yesterday?
  형용사절

  내가 어제 샀던 내 책을 누가 가져갔니?

목적격 관계대명사 which/that을 포함한 형용사절은 형용사구로 바꿀 수 없다.
(=독자적인 주어를 가진 형용사절은 형용사구로 바꿀 수 없다.)

▶ 목적격 관계대명사 which/that만 생략 가능하다. 이유는 목적격 which/that은 마땅히 해석할 뜻이 없거나 미약하므로 생략해도 전체 문장의 내용에 지장을 주지 않기 때문이다.

Who took my book I bought yesterday?

- The movie which/that(=the movie) I saw with my friend was awesome.
  형용사절

내 친구와 같이 보았던 그 영화는 굉장히 좋았다.

목적격 관계대명사 which/that을 포함한 형용사절은 형용사구로 바꿀 수 없다.
(=독자적인 주어를 가진 형용사절은 형용사구로 바꿀 수 없다.)

▶ 목적격 관계대명사 which/that만 생략 가능하다. 이유는 목적격 which/that은 마땅히 해석할 뜻이 없거나 미약하므로 생략해도 전체 문장의 내용에 지장을 주지 않기 때문이다.

The movie I saw with my friend was awesome.

Grammar Check

9. 문장 속에서 형용사절을 구별하는 방법은?
10. 가장 강조한 것부터 순서대로 표시하면?
    A. the sweet memory
    B. the memory sweet
    C. the memory that is sweet
11. 형용사절을 형용사구로 고치고 나면 영원히 사라지는 것은?

1. 형용사절의 특징으로 옳지 않은 것은?

   ① 형용사절은 끼워 넣는 문법이다.
   ② 형용사절은 생략되어도 전체 문장의 기본 문법에 지장을 주지 않는다.
   ③ 형용사절은 문장을 길게 쓰도록 해 주고 글의 수준을 높여 주는 문법이다.
   ④ 형용사절은 모든 동사 뒤에 쓸 수 있다.

2. 형용사절을 모두 찾아서 밑줄을 그으세요.

   > The team that was losing the game scored two goals in the last five minutes and won the game. People who were watching that game were all excited.

3. 다음 글에서 형용사절을 형용사구로 바꾼 것은 모두 몇 개일까요?

   > There is an old saying, "A friend helping in need is a friend indeed." We sometimes meet a difficulty giving us a hard time. A friend staying with us in a difficult time is a true friend. Without having a friend, our life will be like the desert.

   ① 두 개　　　　② 세 개　　　　③ 네 개　　　　④ 다섯 개

4. 다음 각 문장 내에 쓰인 형용사절을 형용사구로 바르게 고쳐서 문장을 다시 써 보세요.

   (1) The boy who was missing for two days came back home safely.
   → _____

   (2) Why don't you tell me the condition that is in your mind?
   → _____

   (3) Where do I get the pamphlet that shows the location and the time?
   → _____

5. 다음 문장의 빈칸에 들어갈 말로 적절하지 못한 것을 고르세요.

   > A man _____ is a wise man.

   ① knowing his shortcomings
   ② who can manage time
   ③ who prepares for the future
   ④ is sleeping and hiding

Comprehension Quiz

6 다음 문장에서 쓰인 형용사구가 나올 수 <u>없는</u> 문장은 무엇인가요?

> There are some students studying all night and preparing for the test.

① There are some students who are studying all night and preparing for the test.
② There are some students who will study all night and prepare for the test.
③ There are some students who study all night and prepare for the test.
④ There are some students who have studied all night and prepared for the test.

7 다음 중 문장 내에서 형용사구로 고칠 수 <u>없는</u> 문장을 고르세요.

① I misunderstood the woman who was in our group.
② She had someone who supported her.
③ I can't hear what you are saying.
④ The news that comes from the head office is trustworthy.

8 형용사구를 사용해서 다음의 말을 영어로 옮겨 보세요.

(1) 매일 변하는 사회
→ _____

(2) 문법을 가르치는 책
→ _____

(3) 그 식당에서 음식을 먹는 사람들
→ _____

Reading & Writing **Practice**

[1~10] 다음 문장을 해석해 보세요. (각 문장에 쓰인 형용사구를 잘 살펴보세요.)

1 Anyone tired can rest here.
   _____

2 The bus coming now goes to Seoul Station.
   _____

3 Don't wear a skirt too short or too colorful in the office.
   _____

4 I like the dress displayed in the window.
   _____

5 I am looking for a souvenir not expensive.
   _____

6 That is the only one cheaper than this.
   _____

7 I hear someone calling my name.
   _____

8 The woman waiving her hands is Sonya.
   _____

Reading & Writing Practice

9   It was me waiting for you.
   _____

10 This is the work requiring extra time to finish.
   _____

[11~14] 다음 문장을 영어로 옮기세요. (각 문장에 쓸 수 있는 형용사절을 형용사구로 고쳐서 각각 써 보세요.)

11 나는 화요일과 목요일에 하는 그 TV 드라마를 놓치고 싶지 않아요.
   _____

12 아침마다 그 건설 공사로 야기되는 교통 체증이 있다.
   _____

13 위로 올라갔다 내려갔다 하는 저게 뭐지?
   _____

14 한국에서 만든 3-D TV는 잘 알려져 있어요[유명해요].
   _____

Lecture 10

문장 속 형용사절의 활용

Learning Goals

형용사절을 형용사구로 고치는 배경에 대해서 살펴보자.

형용사절을 쓰기 전과 쓰고 난 후를 비교하여 문장이 겪는 변화를 살펴보자.

형용사절을 형용사구로 고치는 방법을 배경적인 방법으로 설명할 수 있고 문법적인 방법으로도 설명할 수 있다.

10° LECTURE 문장 속 형용사절의 활용

1. 형용사절을 형용사구로 고치는 '배경적인' 설명과 '문법적인' 설명

(1) I want to see the man who[whom, that] you introduced.
나는 네가 소개했던 그 남자를 보고 싶다.

배경적인 설명   'the man'과 의미상 반복되는 목적어 'who[whom, that]'를 생략한다. 그러나 그 뒤에선 형용사절 안에 자체적인 주어(you)가 있으므로 생략할 수 없다. 만일 주어 'you'를 생략하면 무엇이 생략되었는지 알게 해 줄 동일한 제 2의 단어가 없기 때문에 전체 내용에 큰 손상을 주게 된다.

문법적인 설명   'the man'과 의미상 반복되는 목적격 관계대명사 'who[whom, that]'를 생략한다. 목적격 관계대명사가 쓰인 형용사절은 형용사구로 바꿀 수 없다.

→ I want to see the man you introduced.

(2) I want to see the man who[that] is working in the coffice.
나는 사무실에서 일하고 있는 그 남자를 보고 싶다.

배경적인 설명   'the man'과 의미상 반복되는 주어 'who[that]'를 생략한다. 그 이유는 who[that]는 생략해도 동일한 뜻을 가진 제 2의 단어 'the man'이 있기 때문이다. 그리고 형용사절 안의 be 동사를 생략한다. 왜냐하면 be 동사는 빼도 내용상 차지하는 비중이 크지 않기 때문이다.

문법적인 설명   'the man'과 의미상 반복되는 주격 관계대명사 'who[that]'를 생략한다. 그런 다음, 형용사절 안의 be 동사를 생략한다.

→ I want to see the man working in the office.

(3) I want to see the man who works in the office.
나는 사무실에서 일하는 그 남자를 보고 싶다.

배경적인 설명   'the man'과 의미상 반복되는 주어 'who'를 생략한다. 그런 다음, 형용사절 안의 일반 동사를 '-ing' 형태로 고친다. 왜냐하면, 형용사절에서 일반 동사의 주어 역할을 한 관계대명사를 없앴기 때문이다. 여기에서 동사의 성질을 버리게 해야만 '주어＋일반 동사'라는 문장에서 벗어나 '구'의 형태로 만들 수 있다. 다시 말해, 동사의 의미는 유지하되 주어를 가질 수 있는 동사의 역할은 할 수 없도록 '-ing'를 붙이는 것이다.

문법적인 설명   'the man'과 반복되는 주격 관계대명사 'who'를 생략한다. 그런 다음, 형용사절 안의 일반 동사를 '동사 원형＋-ing' 형태로 고친다.

→ I want to see the man working in the office .

2 형용사절을 쓴 후 문장이 겪는 변화

형용사절이 없는 문장과 형용사절이 있는 문장의 기본 문법은 똑같다. 하지만, 그 둘 중에 문장의 길이가 길어지고, 훨씬 더 자세한 내용을 전달하는 것은 형용사절이 있는 문장이다. 따라서 글의 수준은 형용사절이 쓰인 문장이 훨씬 높다고 할 수 있다.

다음은 대학교 교과서의 내용으로서 형용사절을 쓰기 전과 쓰고 난 후를 비교하여 글의 수준이 어떻게 바뀌는지 살펴볼 수 있는 좋은 자료이다. 여러 번 읽고 써서 형용사절을 쉽게 쓸 수 있도록 하자.

[Before]
Many people saw the movie "Psycho". Actress Janet Leigh portrayed a woman. The woman was brutally murdered by a man. The man stabbed her many times. She screamed in this bloody scene. After the movie, the viewers still heard her scream. The scream echoed in the viewers' ears. Janet Leigh had the same experience like the others. She heard her own scream. She could not take a shower until she died at the age of 77. People learn fears and phobias from their parents, movies, TV, books, and close friends. Most people exaggerate fears and phobias about insects, animals, and even daily items. We know this very well, but fear.

[After]
Many people who are around us saw the movie "Psycho". Actress Janet Leigh portrayed a woman who[that] was killed in the movie. The woman was brutally murdered by a man who[that] has a sharp knife. The man stabbed her many times. She screamed in this

bloody scene. After the movie, the viewers who[that] saw this murder scene still heard her scream. The scream she gave echoed in the viewers' ears. Janet Leigh who[that] gave the scream had the same experience like the others who saw the murder scene. She heard her own scream. She could not take a shower until she died at the age of 77. People learn fears and phobias from their parents they live with, movies they see, TV they enjoy watching, books they read, and close friends they meet. Most people exaggerate fears and phobias about insects we see, animals we learn, and even daily items we use. We know this very well, but fear.

Before   Many people saw the movie "Psycho".

많은 사람들이 "Psycho"라는 영화를 보았다.

                     명사   형용사절 (주격 관계대명사 용법)

After   Many people who are around us saw the movie "Psycho".

우리 주변에 있는 많은 사람들이 "Psycho"라는 영화를 보았다.

Notice 이하에 나오는 괄호 안의 '주격', '목적격'은 각각 '주격 관계대명사 용법', '목적격 관계대명사 용법'을 축약해서 표현한 것임.

Before   Actress Janet Leigh portrayed a woman.

여배우 "Janet Leigh"는 한 여자의 역할을 맡아 연기했다.

                                     명사   형용사절 (주격)

After   Actress Janet Leigh portrayed a woman who[that] was killed in the movie.

여배우 Janet Leigh는 그 영화에서 살해를 당한 한 여자의 역할을 맡아 연기했다.

Before   The woman was brutally murdered by a man.

그 여자는 한 남자에게 잔인하게 살해를 당했다.

     * brutally: 잔인[잔혹]하게   murder: 살해하다

                                               명사   형용사절 (주격)

After   The man was brutally murdered by a man who[that] has a sharp knife.

그 여자는 날카로운 칼을 가진 한 남자에게 잔인하게 살해를 당했다.

The man stabbed her many times.
그 남자는 그녀를 (칼로) 여러 번 찔렀다.

* stab: (칼 같이 뾰족한 것으로) 찌르다

She screamed in this bloody scene.

그녀는 이 피투성이의 장면에서 비명을 질렀다.

* scream: 비명을 지르다 bloody: 피투성이의 scene: 장면

Before   After the movie, the viewers still heard her scream.

영화가 끝난 후, 관람객들은 여전히 그녀의 비명 소리를 들었다.(영화가 끝난 후, 관람객들의 귀에는 여전히 그녀의 비명 소리가 들렸다.)

* viewer: 관람객

After   After the movie, the viewers **who[that] saw this murder scene** still heard her scream.

(명사 / 형용사절 (주격))

영화가 끝난 후, 이 살해 장면을 본 관람객들은 여전히 그녀의 비명 소리를 들었다.(영화가 끝난 후, 이 살해 장면을 본 관람객들의 귀에는 여전히 그녀의 비명 소리가 들렸다.)

Before   The scream echoed in the viewers' ears.

그 비명 소리는 관람객들의 귀에서 메아리쳤다.

* echo: (소리가) 울리다, 메아리치다

After   The scream **she gave** echoed in the viewers' ears.

(명사 / 형용사절 (목적격))

그녀가 질렀던 비명 소리는 관람객들의 귀에서 메아리쳤다.

Before   Janet Leigh had the same experience like the others.

Janet Leigh는 다른 사람들처럼 똑같은 경험을 했다.

* the same: 똑같은 the others: 나머지 다른 사람들[것들]

After   Janet Leigh **who[that] gave the scream** had the same experience like

(명사 / 형용사절 (주격))

the others **who saw the murder scene**.

(명사 / 형용사절 (주격))

그 비명을 질렀던 Janet Leigh는 그 살해 장면을 본 다른 사람들처럼 똑같은 경험을 했다.

She heard her own scream.

그녀는 자기 자신의 비명 소리를 들었다.(그녀의 귀에는 자기 자신의 비명 소리가 들렸다.)

She could not take a shower until she died at the age of 77.

그녀는 77세의 나이로 죽을 때까지 샤워를 할 수 없었다.

＊ take a shower: 샤워를 하다

Before　People learn fears and phobias from their parents, movies, TV, books, and close friends.

사람들은 자신의 부모, 영화, TV, 책, 그리고 가까운 친구들에게서 두려움과 공포(증)를 배운다.

＊ fear: 두려움 phobia: 공포(증)

After　People learn fears and phobias from their parents they live with, movies they see,
　　　　명사　　형용사절 (목적격)　　명사　　형용사절 (목적격)

TV they enjoy watching, books they read, and close friends they meet.
명사　형용사절 (목적격)　　명사　형용사절 (목적격)　　명사　　형용사절 (목적격)

사람들은 함께 사는 자신의 부모, 그들이 보는 영화, 그들이 즐겨 보는 TV, 그들이 읽는 책, 그리고 그들이 만나는 친한 친구들에게서 두려움과 공포(증)를 배운다.

Before　Most people exaggerate fears and phobias about insects, animals, and even daily items.

대부분의 사람들은 벌레, 동물, 심지어는 일상적인 물건들에 대한 두려움과 공포(증)를 과장한다.

＊ exaggerate: 과장하다 insect: 곤충, 벌레

After　Most people exaggerate fears and phobias about insects we see,
　　　　　　　　　　　　　　　　　　　　　　　　　명사　형용사절 (목적격)

animals we learn, and even daily items we use.
명사　형용사절 (목적격)　　　　명사　형용사절 (목적격)

대부분의 사람들은 우리가 보는 벌레들, 우리가 배우는 동물들, 심지어는 우리가 사용하는 일상적인 물건들에 대한 두려움과 공포(증)를 과장한다.

We know this very well, but fear.

우리는 이것을 아주 잘 알면서도 두려워한다.

이 글을 통해 형용사절만 사용해도(Big Bang Effect) 영어의 수준이 상당히 높아졌음을 알 수 있다.

Grammar Check

1. 형용사절을 넣어서 글의 수준을 높일 수 있다. Ⓣ | Ⓕ
2. 형용사절을 쓸 수 있고 없고는 그 문장 안에 _____가 있는지 여부에 달려 있다.
3. 목적격 관계대명사가 쓰인 형용사절은 형용사구로 바꿀 수 있다. Ⓣ | Ⓕ

Comprehension Quiz

1 형용사절을 형용사구로 고칠 수 없는 경우에 대한 설명이다. 빈칸에 들어갈 말을 순서대로 나열한 것은?

> 형용사절을 형용사구로 바꿀 수 없는 경우로 두 가지가 있다.
> 첫째, 정확한 ☐ 를 전달하고자 할 때에는 바꾸지 않는다.
> 둘째, 형용사절 안에 자체적인 ☐ 를 가지고 있을 때에는 바꾸지 못한다. 다시 말해서, 관계대명사가 ☐ 으로 쓰이지 않았을 때에는 형용사절을 형용사구로 바꿀 수 없다.

① 문법, 형용사, 목적격
② 시제, 주어, 주격
③ 내용, 목적어, 문법
④ 시제, 전치사, 강조격

2 다음 중 문장 내에서 형용사구로 바꿀 수 없는 것을 고르세요.

① The cookies which were made for your birthday party were boxed.
② The candies that are displayed in the window look very sweet.
③ The milk that was sold in the store was 2 weeks old.
④ The bread that I had was spoiled.

[3~4] 다음 글을 읽고 물음에 답하세요.

> The easiest kind of relationship I have is with 10,000 people. The hardest is with the one I live with. (참조: Joan Baez 인용문)
>
> A small boy is sent to bed by his father.
> The boy who is sent to bed is thirsty.
> [Five minutes later]
> "Da-ad . . ."
> "What?"
> "I'm thirsty. Can you bring me a drink of water that is in the kitchen?"
> "No. You had your chance. The chance that you had was five minutes ago. Lights out."
> [Five minutes later]
> "Da-aaaad . . ."
> "WHAT?"
> "I'm THIRSTY. Can I have a drink of water that is surely in the kitchen?"
> "I told you NO! If you ask again, I'll have to spank you!!"
> [Five minutes later]
> "Daaaaa-aaaAAAAD . . ."

"WHAT??!!"
"When you come in to spank me, can you bring me a drink of water that is definitely in the kitchen?"

3 이 글에서 문장 내에 쓰인 형용사절을 찾아 밑줄을 긋고, 모두 몇 개인지 써 보세요.

4 이 글에 쓰인 형용사절 중 형용사구로 바꿀 수 있는 것은 모두 몇 개인가요?
① 세 개　　　② 네 개　　　③ 다섯 개　　　④ 여섯 개

[5~6] 다음 글을 읽고 물음에 답하세요.

After hearing ① that one of the patients ② who are in a mental hospital had saved another from a suicide attempt by pulling him out of a bathtub, the hospital director ③ who reviewed the rescuer's file called him into his office.
"Mr. Harold, your records and your heroic behavior indicate ④ that you're ready to go home. I'm only sorry ⑤ that the man ⑥ who you saved later killed himself with a rope around the neck."
"Oh, he didn't kill himself," Mr. Harold replied. "I hung him up to dry."

5 이 글에 표시된 번호 중 형용사절로 쓰인 것을 모두 고르세요.

6 이 글에 쓰인 형용사절 중 형용사구로 바꿀 수 있는 것을 형용사구로 바르게 고쳐 써 보세요. (단, 선행사 포함해서 쓸 것.)

7 영어 문장을 길게 쓰기 위해서 주로 추가해 사용하는 세 가지 문법은 '형용사', '전치사+명사', '형용사절' 이다. 이 세 가지 문법을 쓸 수 있는 자리를 잘 알고 있어야 한다. 그 위치를 바르게 말한 것은?
① 형용사 앞, 뒤　　　② 부사 앞, 뒤　　　③ 명사 앞, 뒤　　　④ 동사 앞, 뒤

Reading & Writing **Practice**

[1~5] 다음 문장을 해석해 보세요.

1 The time that you should come back is coming.

2 The name that you remember is different from the name I remember.

3 Who knows the man who is standing there?

4 I went to the place which we used to visit.

5 Tell me the time at which it begins.[Tell me when it begins.]

[6~9] 다음 문장을 영어로 옮기세요.

6 당신은 내가 찾고 있는 사람입니다.

7 우리가 나눈 사적인 이야기는 비밀이에요.

8 그것은 제 인생에서 제가 가진 가장 행복한 순간이었어요.

9 나는 어제 잃어버린 내 지갑을 찾았어요.

Lecture 11

명사 자리에 문장 (=명사 역할을 하는 문장) 쓰기

 Learning Goals

명사 자리에 쓰는 문장(명사절)에 대해서 살펴보자.

문장을 명사절로 바꿀 수 있도록 하자. 이때 명사절의 시작을 알리는 단어 열 개를 알아야 한다.

사용 빈도가 가장 높은 명사절의 목적격 용법에 대해서 살펴보자.

다음의 세 가지 설명은 모두 같은 말이다.
1. 문장(절)이 명사처럼 쓰일 때 '명사절'이라고 한다.
2. 명사 자리에 문장(절)을 쓰면 '명사절'이 된다.
3. 문장(절)이 주어나 목적어로 쓰일 때 '명사절'이라고 한다.

11 LECTURE 명사 자리에 문장(=명사 역할을 하는 문장) 쓰기

1. 명사절의 정의

| 명사 | + | 동사 | + | 명사 | / | 전치사 | + | 명사 |

We saw that. 우리는 그것을 보았다.
He noticed that. 그는 그것을 알아챘다[눈치챘다].

▶ that은 앞에서 이미 말해서 서로 알고 있는 것을 간단히 지칭하는 대명사이다. 하지만 앞쪽의 내용 없이 이 말만 듣는 사람은 that이 무엇인지 알 수가 없다.

We saw the movie. 우리는 그 영화를 보았다.
He noticed the answer. 그는 그 답을 알아챘다[눈치챘다].

▶ that이 무엇인지 말해 주는 구체적인 명사가 쓰였다. 그런데, 명사 단어 한 개를 쓸 때보다 더 구체적으로 that이 무엇인지 알려 주고 싶다면 문장을 쓰면 된다.

We saw the movie became popular.
          주어 + 동사
우리는 그 영화가 인기를 얻게[끌게] 된 것을 보았다.

He noticed the answer is C. 그는 그 답이 C라는 것을 알아챘다[눈치챘다].
          주어 + 동사

▶ that이 무엇인지 말해 주는 문장이 쓰였다. 명사 단어 한 개일 때보다 that 자리에 문장을 쓸 때 더 자세하고 구체적인 내용을 전달할 수 있다.

↓
명사 자리에 쓴 문장
↓
명사절
↓
목적어 자리에 쓴 명사절
↓
명사절의 목적격 용법

More View

(1) 명사 + 동사 + 명사 / 전치사 + 명사
I knew you loved me.
주어 + 동사 → 명사절의 목적격 용법

나는 네가 나를 사랑했다는 것을 알았어.

(2) 명사 + 동사 + 명사 / 전치사 + 명사
I understand they are busy.
주어 + 동사 → 명사절의 목적격 용법

나는 그들이 바쁜 것을 이해해.

(3) 명사 + 동사 + 명사 / 전치사 + 명사
My friends suggested we should study.
주어 + 동사 → 명사절의 목적격 용법

내 친구들은 우리가 공부해야 한다고 제안했다.

(4) 명사 + 동사 + 명사 / 전치사 + 명사
Everybody notices the test is easy.
주어 + 동사 → 명사절의 목적격 용법

모든 사람들이[누구나] 그 시험이 쉽다는 것을 알아챈다[눈치챈다].

(5) 명사 + 동사 + 명사 / 전치사 + 명사
The teacher warned we should not talk.
주어 + 동사 → 명사절의 목적격 용법

그 선생님은 우리가 떠들지 말아야 한다고 경고했다.

(6) 명사 + 동사 + 명사 / 전치사 + 명사
Sam realized she liked him.
주어 + 동사 → 명사절의 목적격 용법

Sam은 그녀가 그를 좋아했다는 것을 깨달았다.

(7) 명사 + 동사 + 명사 / 전치사 + 명사
We learn English is easy.
주어 + 동사 → 명사절의 목적격 용법

우리는 영어가 쉽다는 것을 배운다.

(8) 명사 + 동사 + 명사 / 전치사 + 명사
He said she was attractive.
주어 + 동사 → 명사절의 목적격 용법

그는 그녀가 매력적이었다고 말했다.

2 명사절의 시작을 알리는 단어

when, where, who, whom, whose, why, which, what, how + that
              의문사 아홉 개

when, where, who, whom, whose, why, which, what, how 그리고 '~(하)는 것'이라는 해석상 비중이 약한 that을 문장 맨 앞에 쓰면 명사절이 된다. 가장 빈도수 높은 단어 배열 '명사 + 동사 + 명사 / 전치사 + 명사'에서 '명사' 대신 문장을 쓰면 좀 더 구체적이고 자세한 내용을 만들 수 있게 된다. 즉, '1 언제(when), 2 어디서(where), 3 어떻게(how), 4 무엇을(what), 5 누구(who), 6 누구를(whom), 7 어느 것(which), 8 왜(why), 9 누구(의 것)(whose)' 등에 해당하는 의문사를 문장 맨 앞에 써서 그 의문사의 뜻을 포함한 명사절을 만들 수 있다.

that도 문장 앞에 써서 그 문장을 명사절로 만들 수 있다. 의문사를 쓸 때와의 차이점은 that이 '~(하)는 것'이라는 해석상 비중이 약한 뜻을 가지고 있다는 점이다. 그래서 speaking에서는 자주 생략되기도 한다.

A: I know (that) you like him. 나는 네가 그를 좋아한다는 것을 알아.
B: Did you notice (that) I met him? 넌 내가 그를 만난 것을 눈치챘니?

영어권 사람들이 오랜 시간 동안 문장 맨 앞에 '의문사 아홉 개'와 'that'을 써서 문장을 명사화하고(Pidgin) → 이것을 하나의 의사 전달 수단으로 굳히고(Creole) → 그 후 문법의 한 규칙으로 가르치게 되었다(language). 그래서 문법적으로 '의문사 아홉 개'와 'that'을 합한 열 개의 단어를 '명사절의 시작을 알리는 단어'라고 말하게 되었다.

Grammar Knowledge

언어가 만들어지는 데 주로 세 가지 단계를 거친다.

Pidgin (여러 말이 섞이고 규칙이 없음.)
↓
Creole (여러 말이 섞였지만 약간의 규칙이 있고 그 규칙을 따르려고 함.)
↓
Language (더 이상 여러 말이 섞이지 않고 뚜렷한 규칙을 가짐. 이제는 규칙이 변하지 않으므로 그 규칙을 교육을 통해서 가르치고 배움.)

이렇게 language(언어)는 수백 년간 갈고 닦아 온 결과물이다. 이 과정에서 사라지지 않고 language(언어) 단계까지 온 말들은 다음과 같은 공통점을 가진다. 즉, 모든 언어는 주어, 동사, 목적어를 가지며 여기에 더해서 말을 늘릴 수 있는 전치사와 같은 것이 있다는 점이다. 이렇게 주어, 동사, 목적어, 그리고 말을 늘리는 전치사(전치사+명사)가 합해져서 의사 전달의 기본 틀이 되는 문장을 만든다. 그러므로 영어, 일본어, 중국어, 따갈로그어(필리핀 표준어) 등 무슨 언어를 배우든지 문장을 구사할 수 있는 실력을 가지는 것은 아주 중요하다.

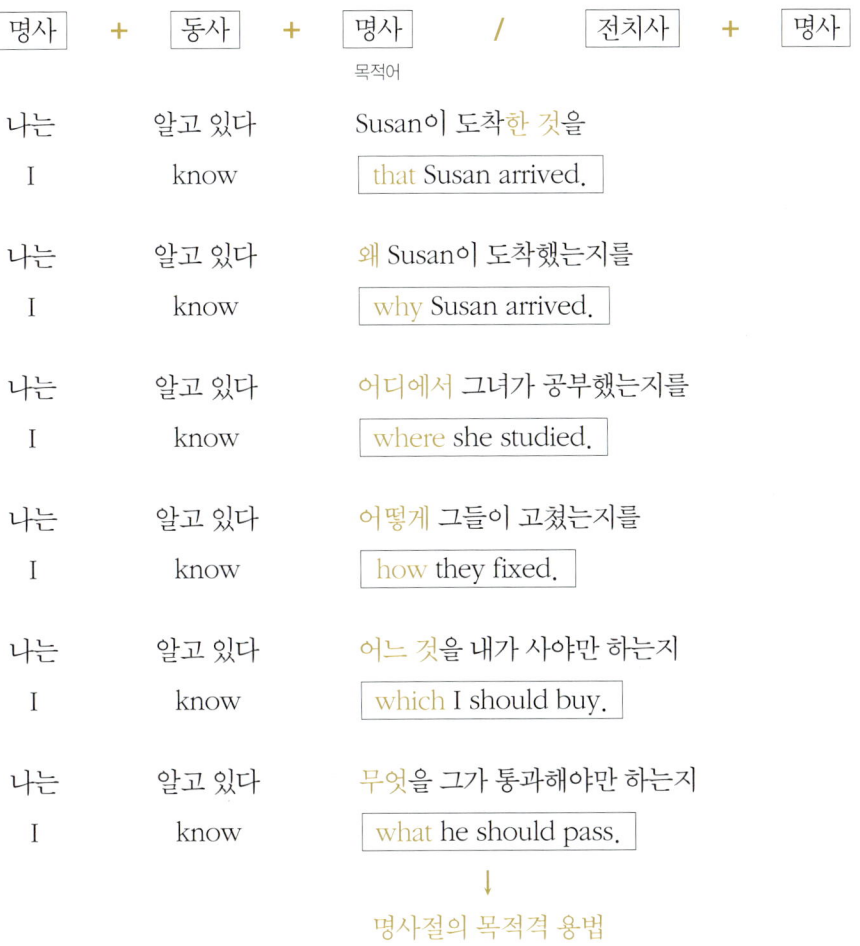

3 명사절의 위치

명사	+	동사	+	명사	/	전치사	+	명사
주어				목적어/보어				

(1) 첫 번째 명사(주어) 자리에는 명사절을 잘 쓰지 않는다. 일반적으로 영어는 문장을 시작하는 주어가 짧고 간단한 것을 선호하는데, 명사절을 주어 자리에 쓰면 문장의 주어가 길어지기 때문이다. 영어에서 긴 주어는 강조의 의미를 가진다.

Grammar Package

명사절의 주격 용법은 강조의 의미로 쓰인다.

❶ What happened between Jack and Tony is a big news.
　Jack과 Tony 사이에 일어난 일은 깜짝 놀랄 뉴스야.

❷ Why you said that in the meeting wonders me.
왜 네가 회의에서 그 얘기를 했는지가 나를 의아하게 한다.

❸ When they leave and where they go should be reported.
그들이 언제 떠나는지 그리고 어디에 가는지는 보고되어야만 한다.

(2) '전치사+명사'에서 전치사 뒤의 자리에도 명사절을 잘 쓰지 않는다. 이유는 크게 두 가지다.

① 전치사 뒤에 명사를 쓰는 대신 문장으로 길고 자세하게 쓰겠다는 것은 그 내용을 강조하겠다는 의미가 담겼다고 볼 수 있다. 그러나, 영어는 내용상 중요하고 강조하고 싶은 것을 문장 맨 앞으로 보내는 특징이 강하다. 굳이 문장(=절)을 '명사+동사+명사 / 전치사+명사'의 단어 배열에서 맨 마지막 명사 자리에 쓸 이유가 없다. 말하자면, 그것을 앞에 쓸 수 있는 방법도 있기 때문에 명사절을 무리해서 전치사 뒤에 쓸 필요는 없는 것이다.

② 전치사구(전치사+명사)는 주로 말이나 글의 끝에 자주 쓰인다. 그러므로 전치사구(전치사+명사)가 쓰였다는 것은 곧 문장이 끝날 것이라는 신호이기도 하다. 그러므로 전치사구를 문장 뒤에 썼으면 말이나 글을 일단 끝맺고 새로운 문장으로 시작하는 것이 좋다. 그런데 문장 끝에 있는 '전치사+명사'에서 명사 자리에 문장(명사절)을 쓰면 또 다시 긴 말이 만들어지기 때문에 장황해지는 느낌을 주거나 지루해질 수 있다.

Grammar Package

명사절을 전치사 뒤에 쓰는 경우를 문법적으로 '전치사의 목적어로 명사절 쓰기' 또는 '전치사의 목적격 명사절'이라고 한다. 아래의 예문들을 통해 다양한 용법으로 쓰인 명사절을 확인해 보자.

❶ What happened between Jack and Tony is a big news. ▶ 주격 명사절
Jack과 Tony 사이에 일어난 일은 깜짝 놀랄 뉴스야.

❷ We talk about what we need for it. ▶ 전치사의 목적격 명사절
우리는 그것을 위해서 무엇이 필요한지에 대해서 얘기를 한다.

❸ What we need for it is on the list. ▶ 주격 명사절
우리가 그것을 위해서 무엇이 필요한지가 목록에 있어.

❹ I know what we need for it. ▶ 목적격 명사절
나는 우리가 그것을 위해서 무엇이 필요한지 알아.

❺ I am interested in what you think. ▶ 전치사의 목적격 명사절
나는 네가 무엇을 생각하는지에 관심[흥미]이 있어.

❻ What you think is very interesting. ▶ 주격 명사절
네가 생각하는 것은 매우 흥미롭다.

❼ I know what you think. ▶ 목적격 명사절
나는 네가 무엇을 생각하는지 알아.

❽ We discussed the case on why many people followed him. ▶ 전치사의 목적격 명사절
우리는 왜 많은 사람들이 그를 추종했는지에 대한 사안에 대해 논의했어요.

❾ Why many people followed him was discussed. ▶ 주격 명사절
왜 많은 사람들이 그를 추종했는지가 논의되었다.

❿ I know why many people followed him. ▶ 목적격 명사절
나는 왜 많은 사람들이 그를 추종했는지 알아

(3) 가장 빈도수 높은 단어 배열에서 세 번째 위치인 명사 자리에 목적어를 쓰는 '명사절의 목적격 용법'이 가장 많이 쓰인다. 이유는 두 가지다.

① 다른 용법(명사절을 주격으로 쓰는 것, 명사절을 전치사의 목적격으로 쓰는 것)에 비해서 쉽다. 목적어 자리에 명사 역할을 하는 문장을 넣어 주면 되기 때문이다. 말하자면, 동사 뒤에 목적어를 쓴다는 감각만 있으면 그 자리에 문장(명사절)을 쓰기만 하면 된다. 목적어 자리에 단어가 아닌 문장을 써서 간단히 명사절을 만들 수 있다.

I saw him.
나는 그를 보았다.

I saw he entered.
나는 그가 들어간 것을 보았다.

▶ 목적어 him 자리에 문장(명사절) 'he entered'를 써서 간단히 명사절을 만들었다.

② 동사가 그 뒤에 목적어를 가지는 경우가 많기 때문이다. 동사 뒤에 목적어를 쓸 수 있는 만큼 동사 뒤에 문장(명사절)도 쓸 수 있다. 그 이유는 동사 뒤에 목적어로 단어를 쓸 수 있는 횟수만큼 문장(명사절)도 쓸 수 있기 때문이다.

Grammar Check

1. 명사절의 용법을 모두 나열하면?
2. 명사절의 시작을 알리는 단어를 모두 쓰시오. 그중에서 생략해도 전체 내용에 손상을 주지 않는 단어는 무엇인가?

Comprehension Quiz

1 '문장'을 문법적으로 부르는 전문 용어는?
① 구　　　　　② 절　　　　　③ 단락　　　　　④ 구문

2 다음 문장의 'that'이 무엇인지 가장 구체적으로 말해 주고 있는 것은 무엇인가요?

> I was expecting that.

① I was expecting you would join my birthday party.
② I was expecting as usual.
③ I was expecting that result.
④ I was expecting you.

3 다음 문장의 'that' 자리에 명사절을 넣어 문장을 다시 완성한다면 무엇을 넣어야 할까요?

> Did you know that?

① about that　　② he came　　③ what　　④ really

4 다음 각 문장에서 밑줄 친 'that'의 문법이 다른 하나를 고르세요.
① I see that people like to go camping these days.
② He copied the book that he borrowed.
③ Who knew that it could happen?
④ She thinks that I did it.

5 다음 글에서 명사절이라고 생각되는 곳에 모두 밑줄을 그으세요.

> They can because they think they can.　– Virgil –
>
> People say that love makes time pass and time makes love pass.　(French proverb)
>
> A friend was in front of me coming out of the church one day, and the preacher was standing at the door as he always is to shake hands. He grabbed my friend by the hand and pulled him aside.
> Then the pastor said to him, "You need to join the Army of the Lord!"

My friend replied, "I'm already in the Army of the Lord, Pastor."
The pastor questioned him, "How come I don't see you except at Christmas and Easter?"
He whispered back, "I'm in the secret service."
*the Army of the Lord: 주님의 군대 (진실한 믿음을 가지고 열성적으로 활동하는 성도들을 강조해서 부르는 말.)

6 명사절이 들어간 다음의 문장을 해석해 보세요.

> The pastor said to him that he needed to join the Army of the Lord.

→ _____

7 다음의 문장을 명사절로 바르게 고친 것을 고르세요.

> My friend replied, "I'm already in the Army of the Lord, Pastor."

① My friend replied that he is already in the Army of the Lord.
② My friend replied him was already in the Army of the Lord.
③ My friend replied that he was already in the Army of the Lord.
④ My friend replied him that was already in the Army of the Lord.

8 다음의 문장을 명사절로 바르게 고친 것을 고르세요.

> He whispered back, "I'm in the secret service."

① He whispered back that was him in the secret service.
② He whispered back that was in the secret service.
③ He whispered back that he is in the secret service.
④ He whispered back that he was in the secret service.

Reading & Writing **Practice**

[1~5] 다음 문장을 해석해 보세요.

1 I heard that they set the new date.
   _____

2 I know where she is now.
   _____

3 I saw that you were walking with him.
   _____

4 Who knew that this would happen?
   _____

5 I learned that English is SVO language.
   _____

[6~9] 다음 문장을 영어로 옮기세요.

6 그는 그만둘 계획이었다고 말했어요.
   _____

7 나는 그게 너였다는 것을 눈치챘어.
   _____

8 나는 내가 언제 시작해야 하는지 분명히 알아요.
   _____

9 나는 내 영어 실력이 점점 좋아지고 있다는 것을 알아요.
   _____

Lecture 12

명사절을 만드는 방법

 Learning Goals

명사절을 만드는 단계에 대해서 살펴보자.

명사절의 시작을 알리는 의문사를 문장 앞에 쓰는 이유에 대해서 살펴보자.

명사절의 시작을 알리는 단어 'that'이 생략 가능한 이유에 대해서 살펴보자.

다음의 동사들을 외워 두자. 왜냐하면 주로 이 동사들 뒤에 명사절이 쓰이기 때문이다.

believe, promise, understand, hear, overhear, see, know, learn, explain, show, remember, notice, find, think, imagine, discover, claim, point out, expect, prove, guess, assume, perceive 등.

LECTURE 12° 명사절을 만드는 방법

1. 명사절을 만드는 방법

1단계 가장 빈도수 높은 단어 배열로 문장 만들기

They   had   a meeting.

2단계 어떤 의문사를 사용할 것인지 아니면 that만 사용할 것인지 정한다.

(1) '그들이 모임을 가졌다는 것(that)'만 말할 것인지
(2) '그들이 모임을 어디에서(where) 가졌는지'를 말할 것인지
(3) '그들이 모임을 언제(when) 가졌는지'를 말할 것인지
(4) '그들이 모임을 왜(why) 가졌는지'를 말할 것인지
(5) '그들이 모임을 어떻게(how) 가졌는지'를 말할 것인지

3단계 의문사를 문장 맨 앞에 써서 그 문장을 명사화한다. 영어는 문장의 내용보다 그 문장에 어떤 문법이 쓰이는지를 먼저 알리는 특징이 있으므로 의문사를 먼저 써 줘서 문장이 명사절로 변할 것이라는 것을 알려 준다. 다시 말해서, 의문사를 문장 앞에 써 줌으로써 명사절이라는 문법이 사용되고 있음을 쉽게 알릴 수 있다.

where they had a meeting
when they had a meeting
why they had a meeting
how they had a meeting
↓
명사절의 시작을 알리는 단어

4단계 명사절을 목적격으로 쓸 것인지 주격으로 쓸 것인지를 결정한다.

(1) 목적어 자리에 명사절을 쓸 경우

I   know   where they had a meeting.

나는 그들이 어디에서 모임을 가졌는지 안다.

He said where they had a meeting.
그는 그들이 어디에서 모임을 가졌는지 말했다.

She noticed where they had a meeting.
그녀는 그들이 어디에서 모임을 가졌는지 눈치챘다.

(2) 주어 자리에 명사절을 쓸 경우: 강조의 형태

| 명사 | + | 동사 | + | 명사 | / | 전치사 | + | 명사 |
| 주어 | | | | 목적어/보어 | | | | |

Where they had a meeting is a secret.
그들이 어디에서 모임을 가졌는지는 비밀이다.

Why they had a meeting is a secret.
그들이 왜 모임을 가졌는지는 비밀이다.

Grammar Package

'where, when, why, how'와 같은 의문사의 내용을 전달하고 싶지 않을 때에는 의문사 대신 that을 쓰면 된다. that은 '~(하)는 것' 정도의 의미만을 전달하기 때문에 생략해도 문장의 전체적인 내용에 손상을 주지 않는다. 이렇게 비중이 적은 that을 굳이 써 주는 이유는 무엇 때문일까? 앞에서도 얘기했듯이 영어는 문법을 먼저 알려 주는 특징이 있다. 문장에서 that이 해석상 비중은 크지 않더라도 명사절의 시작을 알리는 단어로 사용되기 때문이다.

I know where they had a meeting.
▶ 의문사가 '어디에서(장소)'라는 구체적인 내용을 전달하고 있기 때문에 생략하지 않는다.

I know (that) they had a meeting.
▶ that이 '~(하)는 것' 정도의 의미로 그다지 구체적이지 않다. 그러므로 생략해도 괜찮다.

Grammar Package

❶ 주격 명사절

That the earth is round is true. (O) ▶ that이 비록 해석상 비중이 작더라도 생략하지 않는다.
The earth is round is true. (X)

❷ 목적격 명사절

I know that the earth is round. (O)
▶ that을 생략할 수 있는 경우는 목적격 명사절일 때에만 가능하다는 것을 알아 두자.
I know the earth is round. (O)

More View

			명사 + 동사 + 명사 / 전치사 + 명사
① 우리는 그가 확인했다는 것을 안다.	→	We	knew that he checked.
② 우리는 그가 어떻게 확인했는지를 안다.	→	We	know how he checked.
③ 우리는 그가 왜 확인했는지를 안다.	→	We	know why he checked.
④ 우리는 그가 어디를 확인했는지를 안다.	→	We	know where he checked.
⑤ 우리는 그가 언제 확인했는지를 안다.	→	We	know when he checked.
⑥ 우리는 그가 무엇을 확인했는지를 안다.	→	We	know what he checked.
⑦ 우리는 그가 어느 것을 확인했는지를 안다.	→	We	know which he checked.
⑧ 우리는 그가 누구를 확인했는지를 안다.	→	We	know whom he checked.

↓
명사절 시작을 알리는 단어

Grammar Check

1. 가장 빈도수 높은 단어 배열을 써 보시오.
2. 다음의 문장을 해석하시오.
   (1) He did I did. → _____
   (2) They said I said. → _____
   (3) I saw you saw. → _____
3. 명사절의 시작을 알리는 that을 써 줄 때도 있고 빼 줄 때도 있다. 기준은 무엇인가?

Comprehension Quiz

1. 빈칸에 들어갈 단어로 올바른 것을 고르세요.

   > I underestand _____ you had no other choice.

   ① this   ② that   ③ the   ④ it

2. 빈칸에 들어갈 말로 적당하지 않은 것은 무엇인가요?

   > He said _____ he should move out.

   ① that   ② why   ③ when   ④ which

3. 다음 문장에서 명사절의 시작을 알리는 that이 들어갈 자리를 찾으세요.

   > I ① told ② you ③ I ④ was right.

4. 다음 중 명사절이 사용된 문장이 아닌 것은 무엇인가요?

   ① It is the reason why he stopped doing it.
   ② I want to know where you have been.
   ③ Tell me when it was.
   ④ I learned how I can write a sentence.

5. 다음 중 명사절을 만드는 순서를 바르게 설명한 것은?

   ① 명사절의 시작을 알리는 단어를 문장 앞에 쓰기 → 간단한 문장 만들기 → 명사절의 시작을 알리는 단어들 중 어떤 단어를 사용해서 내용을 전달할지 결정하기 → 명사절을 문장의 주어나 목적어 자리에 쓰기
   ② 간단한 문장 만들기 → 명사절의 시작을 알리는 단어들 중 어떤 단어를 사용해서 내용을 전달할지 결정하기 → 명사절의 시작을 알리는 단어를 문장 앞에 쓰기 → 명사절을 문장의 주어나 목적어 자리에 쓰기
   ③ 명사절을 문장의 주어나 목적어 자리에 쓰기 → 간단한 문장 만들기 → 명사절의 시작을 알리는 단어들 중 어떤 단어를 사용해서 내용을 전달할지 결정하기 → 명사절의 시작을 알리는 단어를 문장 앞에 쓰기
   ④ 명사절의 시작을 알리는 단어들 중 어떤 단어를 사용해서 내용을 전달할지 결정하기 → 간단한 문장 만들기 → 명사절의 시작을 알리는 단어를 문장 앞에 쓰기 → 명사절을 문장의 주어나 목적어 자리에 쓰기

Comprehension Quiz

6 다음 문장에서 명사절을 찾아서 밑줄을 그으세요.

> I hope that students learn new grammar from this book that I am writing and publishing. - HAN, IL -

7 문장 'I like that they give a discount for us.'에서 명사절의 시작을 알리는 'that'에 대한 설명으로 바르지 <u>못한</u> 것은?
① 'that'은 마땅히 해석할 뜻이 없다.
② 'that'은 생략할 수 있다.
③ 이 'that'을 주격 that이라고 한다.
④ 'that'은 쓸 때와 뺄 때 아무런 의미상의 차이가 없다.

8 다음 각 문장에 쓰인 명사절의 용법 중 성격이 <u>다른</u> 하나를 고르세요.
① I wonder how I should take this.
② Why they cancelled it suddenly is unknown.
③ Don't you remember that I am not with them anymore?
④ Did you say that you were there?

9 다음 중 명사절이 쓰이지 <u>않은</u> 것은 무엇인가요?
① Life is 10% of what happens to me and 90% of how I react to it.
② The best thing about the future is that it comes only one day at a time.
③ What we have done will return to us someday.
④ Everybody has a great idea that can change the world, but only a few use it.

Reading & Writing **Practice**

[1~5] 다음 문장을 해석하세요.

1. I think that I need it.
   _____

2. I can't say why I need it.
   _____

3. I can't say when I need it, either.
   _____

4. But, when I need it is important.
   _____

5. You know what I need.
   _____

[6~9] 다음 문장을 영어로 옮기세요.

6. 그녀는 거기에 있었다고 말했어요.
   _____

7. 우리는 그녀가 어디에 있었는지 알고 있었어요.
   _____

8. 우리는 그녀가 왜 거기에 있었는지도 알고 있었어요.
   _____

9. 왜 그녀가 거기에 있었는지가 우리를 놀라게 했지요.
   _____

Lecture 13

'가정하는 방법 = 가정법'

 Learning Goals

가정법 현재에 대해서 살펴보자.

가정법 과거와 be 동사에 대해서 살펴보자.

가정법 과거와 일반 동사에 대해서 살펴보자.

가정법에 쓰이는 조동사에 대해서 살펴보자.

> 현실적으로 가능성이 있는 것을 가정하면 가정법 현재를 쓰고, 현실적으로 불가능한 것을 가정하면 가정법 과거를 쓴다.

13 LECTURE 가정하는 방법 = 가정법

1. 가정할 때 쓰는 말투

한국말은 문장 뒤에 '(만일) ~면'만 붙이면 가정하는 표현이 된다. 아래와 같이 문장에 쓰인 기본 동사에 어미 '-(라/한다)면'을 붙여서 나타낸다.

내가 그 답을 안다. 그가 나를 이해한다. 네가 거기에 가야만 한다. 모두가 그걸 좋아한다. 그들이 그 제안을 받아들인다. 비가 온다.	+ '-(라/한다)면' →	(만일) 내가 그 답을 안다면 (만일) 그가 나를 이해한다면 (만일) 네가 거기에 가야만 한다면 (만일) 모두가 그걸 좋아한다면 (만일) 그들이 그 제안을 받아들인다면 (만일) 비가 온다면

한국말 '(만일) ~면'과 같은 뜻을 지닌 말이 영어에도 있다. 바로 'if'다.

I know the answer. He understands me. You have to go there. Everybody likes it. They accept the proposal. It rains.	+ if →	If I know the answer, If he understands me, If you have to go there, If everybody likes it, If they accept the proposal, If it rains,

Grammar Package
영어는 문법을 먼저 알리기 때문에 항상 if가 문장 맨 앞에 붙는다.

2. 가정법 현재

가정법은 현실적으로 가능한 상황과 불가능한 상황 두 개를 가정한다. 현실적으로 가능한 상황을 가정할 때에는 '가정법 현재'를 쓴다.

'가정법 현재'는 if절이 현실적으로 가능성 있는 내용에 대해서 말을 하고 있기 때문에 그 뒤에 오는 문장에도 조동사 will(90% 이상의 의지나 가능성)이나 can(90% 이상의 능력)을 사용하여 그 일이 이루어질 수도 있다는 것을 알려 준다.

If I know the answer, I will tell you.
내가 그 답을 안다면 나는 너에게 말을 할 것이다.

If he understands me, I will try.
그가 나를 이해한다면 나는 노력할 것이다.

If you have to go there, I will be happy.
네가 거기에 반드시 가야 한다면 나는 행복할 거야.

If everybody likes it, I will buy it.
모든 사람들이 그것을 좋아한다면 나는 그것을 살 거야.

If they accept the proposal, I will share this.
그들이 그 제안을 받아들인다면 나는 이것을 공유할 거야.

If it rains, I will go.
비가 온다면 나는 갈 거야.

3 가정법 과거

현실적으로 말이 안 되고 불가능한 상황을 강조하기 위해서 영어는 현실적으로 말이 안 되고 불가능한 문법을 사용한다.

현실적으로 I 다음에 쓸 수 있는 be 동사는 am과 was가 있지만, 불가능한 것을 말하는 가정법 과거에서는 불가능한 문법을 쓴다. 즉, 말이 안 되고 불가능한 문법을 써서 강조하는데 그것이 바로 I 다음에 be 동사 were를 써서 'if I were . . .'라고 하는 것이다. I were라는 표현은 영어 문법에서 보면 불가능한 표현이지만 가정법 과거일 때에만 예외적으로 인정되는 표현이다.

if절이 문법적인 현실과는 거리가 먼 'if I were'를 쓰기 때문에 그 뒤에 오는 문장 안에도 would나 could, should, might를 사용하여 그 일이 현실과는 거리가 먼 불가능한 상황임을 알려 준다.

(1) if절에 있는 be 동사를 were로 바꾼다.

```
If  +  주어  +  were ... ,  주어  +  would    +  동사 원형
                                    could
                                    should
                                    might
```

• 주어에 따른 be 동사의 사용 (단순 현재형/가정법 과거형)

I	am/were	It	is/were
He	is/were	You	are/were
She	is/were	They	are/were

Grammar Package

If I were a bird, . . .

'I were . . .'라고 쓴 문장은 문법적으로 틀린 문장이다. 문법의 정확성을 중요하게 여기는 영어권 사람들이 'If I were a bird(내가 만일 한 마리의 새라면)'라고 문법적으로 틀린 문장을 쓰는 이유는 강조하기 위해서다. 불가능하고 말이 안 되는 상황을 강조하기 위해서 불가능하고 말이 안 되는 틀린 문법을 쓰면 강조 효과를 볼 수 있기 때문이다. If I were에서 were가 과거이기 때문에 '가정법 과거'라고 부른다. 비록 눈에 보이는 시제는 과거형 were이지만 현실적으로 불가능한 현재의 일을 말하고 있다.

(그럴 리야 없겠지만) 내가 만일 너라면
→ If I am you,   내가 네가 될 수도 있는 상황.
→ If I were you,   내가 절대로 네가 될 수 없는 불가능한 상황임을 강조하여 전달.

(그럴 리야 없겠지만) 그게 내 것이라면
→ If it is mine,   내 것이 될 수도 있는 상황.
→ If it were mine,   내 것이 절대로 될 수 없는 불가능한 상황 (강조).

(그럴 리야 없겠지만) 그가 만일 지금 오는 중이라면
→ If he is coming,   그가 올 수도 있는 상황.
→ If he were coming,   그가 올 수 없는 불가능한 상황 (강조).

(그럴 리야 없겠지만) 그녀가 나와 가까운 사이라면[그녀가 내 친한 친구라면]
→ If she ｜ is ｜ my close friend, 그녀와 내가 가까운 사이[친구]가 될 가능성이 있는 상황.
→ If she ｜ were ｜ my close friend,
그녀와 내가 절대로 가까운 사이[친구]가 될 가능성이 없는 불가능한 상황 (강조).

→ If I were a bird,　　　I would fly to you.
　내가 만일 새라면　　　나는 너에게 날아갈 텐데.
　(현실과 반대: 나는 현재 새도 아니다. 그러므로 너에게 날아갈 수도 없다.)

→ If it were mine,　　　I could resell it.
　만일 그것이 내 것이라면　나는 그것을 되팔 수 있을 텐데.
　(현실과 반대: 그것은 현재 내 것이 아니다. 그러므로 되팔 수도 없다.)

→ If he were coming,　　I should be at home.
　만일 그가 오고 있는 중이라면　나는 집에 있을 텐데.
　(현실과 반대: 그가 현재 오고 있는 중이 아니다. 그러므로 나는 집에 있지도 않다.)

→ If she were my close friend, I might tell her the truth.
　만일 그녀가 나와 가까운 사이[친구]라면　나는 그녀에게 사실대로 말할지도 모르는데.
　(현실과 반대: 현재는 그녀와 가까운 친구 사이가 아니다. 그러므로 그녀에게 사실대로 말하지도 않는다.)

(2) if절에 있는 일반 동사를 과거 동사로 바꾼다.

> If + 주어 + 과거 동사 . . . , 주어 + would + 동사 원형
> 　　　　　　　　　　　　　　　　could
> 　　　　　　　　　　　　　　　　should
> 　　　　　　　　　　　　　　　　might

if절 안에 동사의 과거형을 쓰면 현실적으로 불가능한 일을 말하게 된다. 불가능한 현실의 일을 말하면서 엉뚱하게 시제를 과거형으로 쓰는 이유는 말이 안 되고 불가능한 상황을 강조하기 위해서 말이 안 되고 불가능한 문법을 쓰기 때문이다. 즉, 현재의 상황을 말하고 있음에도 불구하고 문법적으로 맞지 않는 과거 시제를 써서 눈에 띄게 하고 강조 효과를 내는 것이다.

(그럴 리야 없겠지만) 내가 그 답을 안다면
- → If I know the answer,   그 답을 알 수도 있는 상황.
- → If I knew the answer,   그 답을 아는 것이 불가능한 상황.

(그럴 리야 없겠지만) 그가 나를 이해한다면
- → If he understands me,   그가 나를 이해할 수도 있는 상황.
- → If he understood me,   그가 나를 이해하는 것이 불가능한 상황.

(그럴 리야 없겠지만) 네가 거기에 가야만 한다면
- → If you have to go there, 네가 거기에 가야만 하는 상황이 생길 수도 있는 상황.
- → If you had to go there,   네가 거기에 갈 일은 절대로 생기지 않을 상황.

(그럴 리야 없겠지만) 모두가 그걸 좋아한다면
- → If everybody likes it,   모두가 그것을 좋아할 수도 있는 상황.
- → If everybody liked it,   모두가 그것을 좋아한다는 것은 불가능하다는 사실.

(그럴 리야 없겠지만) 그들이 그 제안을 받아들인다면
- → If they accept the proposal,   그들이 그 제안을 받아들일 가능성이 있는 상황.
- → If they accepted the proposal, 그들이 그 제안을 받아들일 가능성이 거의 없는 상황.

(그럴 리야 없겠지만) 비가 온다면
- → If it rains ,   비가 올 가능성이 있음.
- → If it rained ,   비가 올 가능성이 거의 0%에 가까움.

- → If I knew the answer,   I would tell you.
  내가 만일 그 답을 안다면   너에게 말해 줄 텐데.
  (현실과 반대: 현재 나는 그 답을 모른다. 그러므로 너에게 말해줄 수 없다.)

- → If he understood me,   I could try.
  만일 그가 나를 이해해 준다면   내가 시도해 볼 수 있을 텐데.
  (현실과 반대: 현재 그는 나를 이해해 주지 않는다. 그러므로 나는 시도하지 못한다.)

→ If you had to go there,   I would be happy.
　만일 네가 거기에 가야 한다면   나는 행복할 텐데.
　(현실과 반대: 현재 너는 거기에 가지 않는다. 그러므로 나는 행복하지 않다.)

→ If everybody liked it,   I might buy it.
　만일 모두가 그것을 좋아한다면   나는 그것을 살지도 몰라.
　(현실과 반대: 현실적으로 모두가 다 그것을 좋아하는 것은 아니다. 그러므로 나는 그것을 사지 않을 것이다.)

→ If they accepted the proposal,   I could share this.
　만일 그들이 그 제안을 받아들인다면   나는 이것을 나눌 수 있을 텐데.
　(현실과 반대: 현재 그들이 그 제안을 받아들이지 않는다. 그러므로 이것을 나눌 수 없다.)

→ If it rained,   I should go.
　만일 비가 온다면   나는 가야 할 텐데.
　(현실과 반대: 현재 비가 오지 않는다. 그러므로 나는 갈 필요가 없다.)

Grammar Check

1. 한국말의 '(만일) ~면'에 해당하는 영어 단어는?
2. 가정법 과거란 현재에 가능성이 있는 상황을 가정하는 것이다.   Ⓣ | Ⓕ
3. 가정법은 _____ 과 _____ 두 개를 가정한다. 이를 위해 if절 안에 쓰는 be 동사를 두 가지로 구분하여 쓸 수 있다. 즉, if절 안에 be 동사 _____ 를 쓰거나 아니면 _____를 쓰는 것이다.
4. 가정법 과거에서 if절 안에 be 동사 'were'를 사용하는 이유는 무엇인가?

Comprehension Quiz

1. 다음 중 용법이 다른 하나는 무엇인가요?
   ① If you like it, . . .
   ② If they know about it, . . .
   ③ If I had money now, . . .
   ④ If it is less than 20 dollars, . . .

2. 다음 중 가정법 문법이 올바르지 않은 것을 고르세요.
   ① If you want to get it, you should have tried harder.
   ② If I were like him, I would be so happy.
   ③ If you are tired, you can rest here.
   ④ If I were able to read Japanese, I would buy the book.

3. 다음 중 가정법 과거형으로 쓰인 문장을 고르세요.
   ① I will say yes if you ask me now.
   ② We can meet them if they come on time.
   ③ I should stay here if it rains.
   ④ You would win if you could start now.

4. 다음 중 가정법 과거형 문장으로 올바르지 않은 것을 고르세요.
   ① If I were you, I wouldn't work like that.
   ② If you were me, you would understand me.
   ③ If she were here, she will see this.
   ④ If we were in the same group, we could work better.

5. 다음 문장의 빈칸에 들어갈 말로 올바른 것은 무엇인가요?

   > _____, I could have more free time.

   ① If I have used the tool
   ② If I were working with you
   ③ If I am not busy
   ④ If I finish it earlier

6 다음 중 가정법의 용법이 다른 하나를 고르세요.

① If I had known it, I could have told you.
② If you had loved me, you wouldn't have done such a thing to me.
③ If I had extra time, I could review and send it to you.
④ If he had saved enough money, he would have lent me.

7 다음 각각의 가정법 문장을 한국말로 옮겨 보세요.

(1) If you think it's going to rain, it will.
→ _____

(2) If she had listened to me, she could have got what she had wanted.
→ _____

Reading & Writing **Practice**

[1~5] 다음 문장을 해석하세요.

1 If you have a receipt, we can refund it.
   _____

2 If they know that I need it, they will help me.
   _____

3 If I knew where she is now, I would tell you.
   _____

4 If I had enough money, I would lend you.
   _____

5 If I were you, I would not worry.
   _____

[6~9] 다음 문장을 영어로 옮기세요.

6 만일 네가 그것이 마음에 들면 너는 머물러도 돼. (가정법 현재)
   _____

7 만일 그것이 비싸다면 나는 안 살 거예요. (가정법 현재)
   _____

8 만일 그것이 가까우면 내가 갈 수 있을 텐데. (가정법 과거)
   _____

9 만일 그것이 오늘이라면 나는 너와 함께 갈 수 있을 텐데. (가정법 과거)
   _____

Lecture 14

가장 많이 쓰는 단어 'the'

 Learning Goals

일반적인 총칭을 나타내는 'the'에 대해서 살펴보자.

발명품 앞에 'the'를 쓰는 이유에 대해서 살펴보자.

악기 이름 앞에 'the'를 쓰는 이유에 대해서 살펴보자.

> 20만 개 이상의 영어 단어 중에서 미국 대학생들이 사용하는 단어는 6만 개 이상이라고 한다. 이 가운데 가장 많이 쓰는 단어가 바로 정관사 'the'이다.

LECTURE 14 가장 많이 쓰는 단어 'the'

1. 통틀어서 말할 때 쓰는 'the'

(1) 어떤 종류를 총칭해서 말할 때

- 포유류(사자, 고양이, 개, 호랑이…) → the mammal
  a mammal: 포유류 한 마리

- 조류(닭, 백조, 앵무새, 비둘기…) → the bird
  a bird: 조류 한 마리

- 양서류(개구리, 도롱뇽, 두꺼비…) → the amphibian
  an amphibian: 양서류 한 마리

(2) 일반적으로 전체를 말할 때

the man ▶ 일반적인 남자를 지칭할 때
the woman ▶ 일반적인 여자를 지칭할 때
the bus ▶ 일반적인 버스를 지칭할 때
the car ▶ 일반적인 차를 지칭할 때
the dog ▶ 일반적인 개를 지칭할 때
the class ▶ 일반적인 수업을 지칭할 때

2. 발명품 앞에 쓰는 'the'

발명품의 신기함과 아직 대중에게 알려지지 않은 희귀성을 강조하기 위해 'the'를 붙인다. 시간이 지나서 상용화[일상화]가 되고 소비의 단계가 되면 the 외에도 a[an]와 -s를 붙일 수 있다.

(1) the computer
  ▶ 시간이 지나 상용화[일상화]되어서 소비의 단계가 된 경우

→ a computer / computers

→ How many computers do you have?

(2) the genome map
- ▶ 시간이 지나 상용화[일상화]되어서 소비의 단계가 될 경우
- → I have a genome map.
- → You have three genome maps.

3. 모든 악기의 이름 앞에 쓰는 'the'

the piano   the clarinet   the flute
the guitar   the cello   the saxophone

악기는 자연과 신을 찬양하기 위해 만들어졌다. 신과의 관계를 연결하는 물건이므로 이를 강조하기 위해 'the'를 붙이기 시작했다.

악기는 현재 상용화[일상화]되어서 소비의 단계가 된 경우가 많으므로 a[an], -s를 붙일 수 있다. 그럼에도 불구하고 악기 이름 앞에 the를 붙여 표현한다면 그 악기를 보다 더 신성시하고 중요시할 만한 이유가 있다고 본다. 즉, 그 악기를 단순히 소유하고 있는 것이 아니라 그것을 연주할 수 있을 가능성이 높다고 본다.

Do you have a piano? 너 피아노 가지고 있니?

Do you have the piano? 너 피아노 가지고 있니, 그리고 연주도 할 수 있니?

▶ 'a piano'가 아니라 'the piano'라고 쓰면 piano를 더 중요하게 여길 만큼 밀접한 관계가 있는 듯한 뉘앙스를 가진다. 즉, 피아노를 연주할 수 있는 가능성이 높다는 뜻으로 해석할 수 있다.

Grammar Check

1. 정관사 'the'는 어떤 종류에 대해 일반적으로 총칭할 때 사용한다.   Ⓣ | Ⓕ
2. 발명품 앞에는 항상 'the'만 붙일 수 있다.   Ⓣ | Ⓕ
3. 모든 악기의 이름 앞에 'the'를 붙일 수 있다.   Ⓣ | Ⓕ
4. 발명품이나 악기의 이름 앞에 부정관사를 붙일 수 있는 이유는?

4. 앞에서 언급한 단어를 지칭할 때 쓰는 'the'

내용상 이미 앞에서 언급해서 알고 있는 것에 'the'를 쓴다.

1 `A man` is sitting in 2 `a chair`.
한 남자가 의자에 앉아 있다.

3 `The chair` was painted this morning.
그 의자는 오늘 아침에 페인트칠이 되었다.

I think 4 `the man` didn't know that.
내 생각에 그 남자는 그것을 몰랐던 것 같다.

Do I have to tell 5 `the man` about 6 `the chair`?
내가 그 의자에 대해서 그 남자에게 말을 해 주어야 할까?

→ 1 A man, 2 a chair는 전체 내용에서 최초로 등장한 명사이며 내용상 어느 곳에서도 미리 소개된 적이 없으므로 'a'를 쓴다.

→ 3 The chair, 4 the man, 5 the man, 6 the chair는 앞에서 한 번씩 언급한 명사이므로 이미 내용상 무엇인지 알고 있다. 그러므로 이 단어들 앞에 'the'를 쓴다.

5. 공공의 개념이 들어 있는 단어 앞에 쓰는 'the'

(1) 만약 당신이 거리에서 화장실이 어디인지 물어본다면?
혼자 사용하는 것이 아닌 여러 사람들이 함께 사용하는 공공의 장소를 물어보고 있으므로 'the'를 쓴다.

Where is a restroom?
→ 혼자 사용하는 화장실인 경우 (내용이 어색하다.)

Where is the restroom?
→ 공공으로 사용하는 화장실인 경우

| the park 일반적으로 함께 쓰는 공원 | → | Where is the park? |
| the beach 일반적으로 함께 쓰는 해변가 | | Where is the beach? |

the gym	일반적으로 함께 쓰는 체육관	→	I am looking for the gym.
the station	일반적으로 함께 쓰는 역		I am looking for the station.

(2) 단어 자체에 공공의(public) 개념이 들어 있을 때 'the'를 쓴다.

the public phone 공중전화

TIP 공중전화 수리공인 경우 여러 개의 공중전화 중에서 '한 대의 공중전화'를 수리했다고 말하는 특별한 상황일 때 'a public phone'이라고 할 수 있다.

the public school 공립 학교

TIP 공립 학교를 관리하는 관리인일 경우 그 사람이 관리해야 하는 공립 학교가 몇 개 있다고 말하는 특별한 상황일 때 'a public school'이나 'public schools'라고 할 수 있다.

6 강조를 나타내는 'the'

강조하여 말할 때	일반적으로 말할 때
the friend	a friend / friends
the house	a house / houses
the water	water
the students	students
the cars	cars

Grammar Package

the는 셀 수 있는 명사와 셀 수 없는 명사에 모두 사용할 수 있으므로 틀릴 염려가 없다. 다시 말해서, the는 모든 명사 앞에 쓸 수 있다.

TIP 명사의 종류가 셀 수 있는 명사인지 아닌지 혼동될 때 the를 쓴다면 항상 맞다.

	셀 수 있는 명사	셀 수 없는 명사
a[an]	○	×
-s(복수형)	○	×

7. 문장 속 'the'의 활용

> I went to the ice cream shop. I wanted to have an ice cream. The ice cream that I wanted to have was on the menu. I ordered the ice cream. He didn't understand. I said the same thing. He didn't understand. I wanted to leave the shop. After 15 minutes, I got the ice cream that I wanted.
> I licked it. The taste was bad.
> I threw the ice cream in the trash can.
> I will never forget the experience and the name of the ice cream shop, Han's Ice cream.

- I went to the ice cream shop. 나는 그 아이스크림 가게에 갔다.
  - ▶ 공공의 개념, 강조의 개념

- I wanted to have an ice cream. 나는 아이스크림을 하나 먹고 싶었다.

- 1 The ice cream that I wanted to have was on 2 the menu.
  내가 먹고 싶었던 아이스크림은 그 메뉴에 있었다.
  - ▶ 1 강조의 개념, 반복되는 단어
  - ▶ 2 공공의 개념, 강조의 개념

- I ordered the ice cream. 나는 그 아이스크림을 주문했다.
  - ▶ 강조의 개념, 반복되는 단어

- He didn't understand. 그는 이해하지 못했다.

- I said the same thing. 나는 똑같은 것을 말했다.
  - ▶ 강조의 개념

- He didnn't understand. 그는 이해하지 못했다.

- I wanted to leave the shop. 나는 그 가게를 떠나고 싶었다.
  - ▶ 반복되는 단어, 강조의 개념, 공공의 개념

- After 15 minutes, I got the ice cream that I wanted.
  15분 후에, 나는 내가 원했던 그 아이스크림을 받았다.

▶ 강조의 개념, 반복되는 단어

- I licked it. 나는 그것을 핥았다.

- The taste was bad. 그 맛은 나빴다.
  ▶ 강조의 개념

- I threw ₁the ice cream in ₂the trash can.
  나는 쓰레기통 안에 그 아이스크림을 던졌다.
  ▶₁ 강조의 개념, 반복되는 단어
  ▶₂ 강조의 개념, 공공의 개념

- I will never forget ₁the experience and ₂the name of ₃the ice cream shop, Han's Ice cream.
  나는 그 경험과 그 아이스크림 가게의 이름, Han's Ice cream을 절대로 잊지 못할 것이다.
  ▶₁ 강조의 개념
  ▶₂ 공공의 개념, 강조의 개념
  ▶₃ 공공의 개념, 반복되는 단어, 강조의 개념

Grammar Check

5. 앞에서 언급한 단어를 지칭할 때에는 부정관사 'a[an]'를 붙인다.   Ⓣ | Ⓕ
6. 이미 알고 있는 것에 'the'를 쓴다.   Ⓣ | Ⓕ
7. 셀 수 있는 명사 앞에는 정관사 'the'를 쓸 수 없다.   Ⓣ | Ⓕ
8. 공공의 장소 앞에 'the'를 붙인다.   Ⓣ | Ⓕ
9. 강조하고 싶은 단어 앞에 'the'를 붙일 수 있다.   Ⓣ | Ⓕ
10. 정관사 'the'는 반복되는 단어나 공공의 개념이 들어 있는 단어 앞에 쓸 수 있으며, 강조의 개념으로도 쓸 수 있다.   Ⓣ | Ⓕ

Comprehension Quiz

1 다음 중 'the'를 붙일 수 <u>없는</u> 곳은 어디인가요?
   ① 발명품 앞에   ② 공공건물 앞에   ③ 악기 앞에   ④ 관사 앞에

2 다음 대화문에 쓰인 'the'의 용법으로 맞는 것은 무엇인가요?

   > A: Where is <u>the</u> city hall?
   > B: It is near <u>the</u> square. You need to take <u>the</u> subway to get there.

   ① 통틀어 말하기   ② 공공의 개념   ③ 강조   ④ 앞에서 언급한 것

3 다음 대화문에서 밑줄 친 'the'가 의미하는 바에 해당하지 <u>않는</u> 것은 무엇인가요?

   > A: I saw a park around this area.
   > B: Yes, there is one.
   > C: Do you know how to go to <u>the</u> park?

   ① 공공의 개념   ② 서로 알고 있는 것   ③ 앞에서 언급한 것   ④ 강조

4 다음 중 동일한 종류의 'the'로 연결된 것이 <u>아닌</u> 것을 고르세요.
   ① the super computer – the machinery room
   ② the mammal – the bird
   ③ the instrument – the guitar
   ④ the school – the playground

5 다음 문장의 밑줄 친 'the'를 쓴 이유로 올바른 것은 무엇인가요?

   > What is <u>the</u> most famous place in this city?

   ① 앞에서 언급한 것을 말하기 위해서   ② 통틀어 말하기 위해서
   ③ 강조하기 위해서   ④ 발명품을 말하기 위해서

6 다음 중 상용화[일상화]가 되어 소비의 단계에 도달하면 a[an]나 -s를 붙여 쓸 수 있는 것은 무엇인가요?

① the piano   ② the amphibian   ③ the theme park   ④ the stadium

7 다음 대화문에서 'the'가 사용된 이유로 가장 올바른 것을 고르세요.

> A: What?
> B: The winner is you.
> A: Are you serious?
> B: Yes, the winner is you.

① 앞에서 언급한 것   ② 공공의 개념   ③ 강조   ④ 통틀어 말하기

8 다음의 문장에 세 개의 'the'가 나옵니다. 이 밑줄 친 세 개의 'the'를 쓴 성격이나 상황에 해당하는 것을 아래에 나열된 여섯 가지 중에 모두 고르세요.

> Whenever I listen to the music, it reminds me of the day that I met you. I will never forget the time that I spent with you.
> 그 음악을 들을 때면 언제나 내가 너를 만난 그 날이 생각나. 나는 너와 함께 보낸 그 시간을 결코 잊지 못할 거야.

① 통틀어 말하기   ② 악기   ③ 발명품
④ 서로 알고 있는 것 또는 앞에서 언급된 것   ⑤ 공공의 개념
⑥ 강조

＊remind sb. about/of sth.: 누구에게 무엇을 상기시키다[생각나게 하다]   spend: (돈을) 쓰다; (시간을) 보내다

Reading & Writing **Practice**

[1~5] 다음 문장을 해석하세요.

1. Mount Everest is the highest in the world.
   _____

2. I know a song. The song is the only one that I can sing well.
   _____

3. How long does it take to go to the airport from here?
   _____

4. Do you know where the park is?
   _____

5. It is important to memorize the example sentences.
   _____

[6~9] 다음 문장을 영어로 옮기세요.

6. 그 새로운 발명품이 세상을 깜짝 놀라게 할 겁니다.
   _____

7. 나는 네가 피아노를 칠 줄 안다는 걸 알아.
   _____

8. 이것은 시에서 가장 높은 건물이에요.
   _____

9. 그에게 질문이 하나 있었어요. 나는 그 질문에 대답할 수 있었고요.
   _____

Lecture 15

'do'에서 발생한 문법

 Learning Goals

초기 영어의 동사 형태에 대해서 살펴보자.

동사 형태의 변화에 대해서 살펴보자.

강조문, 의문문, 부정문과 밀접한 관계가 있는 'do, does, did'에 대해서 살펴보자.

최초의 단어는 '명사'였을까, '동사'였을까?

LECTURE 15. 'do'에서 발생한 문법

1. 명사의 동사화

명사에 '~하다'가 합쳐져 동사로 발전하였다.

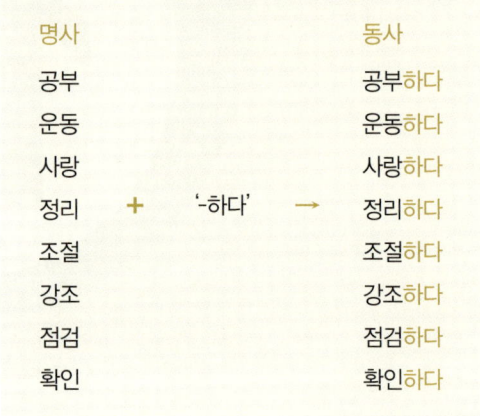

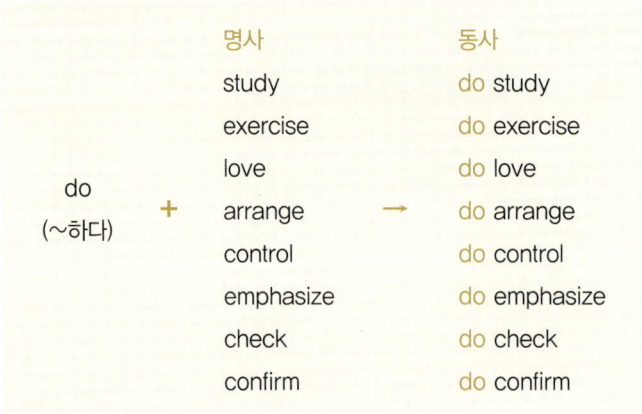

Grammar Package

시제와 **인칭**에 따라서 do(1, 2인칭 현재형), does(3인칭 현재형), did(과거형)가 온다.

2. 동사의 발전

(1) 초기의 동사 형태

　　　do/does/did study　　　공부하다/공부하다/ 공부했다
　　　do/does/did exercise　　운동하다/운동하다/운동했다
　　　do/does/did love　　　　사랑하다/사랑하다/사랑했다
　　　do/does/did arrange　　정리하다/정리하다/정리했다

(2) 영어는 반복을 싫어하므로 평서문에서 과감하게 do, does, did를 지운다.

　　　I ~~do~~ wait for you.　　　→　I wait for you.
　　　She ~~does~~ wait for you.　→　She wait for you.
　　　They ~~did~~ wait for you.　 →　They wait for you.

3. 평서문

수없이 많은 동사를 말할 때마다 초기의 영어에서는 동사 앞에 'do, does, did'가 반복이 된다. 따라서 반복을 싫어하는 영어권 사람들은 이것을 과감하게 지워 버린다. 그러나 무작정 지우고 나니 문장에서 전달하는 중요한 시제가 사라져 버리거나 인칭을 알 수 없게 되어 버렸다. 이러한 문제점을 해결하기 위하여, 반복되는 'do, does, did'를 생략할 때 이들이 가지는 독특한 음성(sound)을 따로 구별해서 뒤로 돌리게 되었다. 일단 do는 그냥 지우고, does는 '-es(즈)', did는 '-d(드)'라는 음성을 명사 뒤에 붙여 놓고 사라졌다. 이는 동사의 기능은 계속 유지하면서 'do, does, did'로 무엇이 사라졌는지 알 수 있도록 해 주었다.

He works.
▶ '-s'가 있는 것으로 보아서 'He does work.'에서 3인칭 현재형 'does'가 생략된 것임을 알 수 있다.

He worked.
▶ '-ed'가 있는 것으로 보아서 'He did work.'에서 과거형 'did'가 생략된 것을 알 수 있다.

이것을 "동사의 3인칭 단수 현재형은 동사 원형에 '-(e)s'를 붙인다, 과거형은 동사 원형에 '-(e)d'를 붙인다"라고 말하는 것이다.

I ~~do~~ like it.
He/She/It ~~does~~ go.

They ~~did~~ work.

그러나, do, does, did를 빼고 난 후엔 이전 시제를 알 수가 없다.

I like it.

He/She/It go.

They work.

그래서 이러한 문제점을 해결하기 위해 do, does, did를 뺄 때 이들이 가지는 자기만의 음성(sound)을 찾아 뒤로 보낸다.

do.
does
did

I ~~do~~ like it.　　→　I like it.
He/She/It ~~does~~ go.　→　He/She/It goes.
They ~~did~~ work.　　→　They worked.

4 강조문

이제는 동사를 사용할 때 굳이 초기 영어에서 사용하던 'do, does, did'를 같이 쓰지 않는다. 그럼에도 불구하고 옛날의 동사 사용 방식으로 표현한다면 반드시 눈에 띌 수밖에 없다. 자연스럽게 그 문장은 강조의 형태로 나타나게 되는 것이다.

He goes.　　→　He does go.
They worked.　→　They did work.
I love you.　　→　I do love you.

Grammar Package

'do/does/did+일반 동사의 원형'은 강조의 문장이다.

The visitors asked us.　　　→　The visitors did ask us.
그 방문객들은 우리에게 물었다.　　　그 방문객들은 정말로[확실히] 우리에게 물었다.

The rumors bothered me.　　→　The rumors did bother me.
그 뜬소문들은 나를 괴롭게 했다.　　　그 뜬소문들은 정말로 나를 괴롭게 했다.

It takes too much time. → It does take too much time.
그것은 시간이 너무 많이 걸린다.   그것은 정말로 시간이 너무 많이 걸린다.

The boss demands a lot from me. → The boss does demand a lot from me.
그 상사는 나에게 많은 것을 요구한다.   그 상사는 정말로 나에게 많은 것을 요구한다.

5. 의문문

의문문은 듣는 사람의 대답이나 반응을 요구하며 강조되어 있는 문장이다. 따라서 의문문을 만들기 전에는 강조문으로 바꾸어야 한다. 그리고 영어에서는 의문문이 만들어진다는 문법을 먼저 알려야 하기 때문에 자연스럽게 'do, does, did'가 문장 앞으로 넘어가 의문문이 만들어진다.

You do love me. → Do you love me?

He does go. → Does he go?

They did work. → Did they work?

Grammar Package

'do, does, did'를 주어 앞에 놓고 평서문의 동사를 동사 원형으로 바꾸면 의문문이 된다.
The students passed the test. 그 학생들은 그 시험에 합격했다.
→ The students did pass the test. 그 학생들은 그 시험에 정말로 합격했다.
→ Did the students pass the test? 그 학생들은 그 시험에 합격했나요?

The game starts at 8:30. 그 경기는 8시 30분에 시작한다.
→ The game does start at 8:30. 그 경기는 정말로[확실히] 8시 30분에 시작한다.
→ Does the game start at 8:30? 그 경기는 8시 30분에 시작하나요?

6. 부정문

부정문 역시 의문문처럼 문장 자체가 강조되어 있는 문장이다. 따라서 어떤 문장을 부정문으로 만들려면 우선 그 문장 안에 있는 동사 앞에 'do, does, did'를 붙여 강조문으로 바꾼다. 그런 다음 'do, does, did' 뒤에 부정을 대표하는 단어 'not'을 붙이면 된다.

I do love you.		I do not love you.
He does go.	+ not →	He does not go.
They did work.		They did not work.

Grammar Package

부정문으로 바꿀 때에는 'do, does, did'를 일반 동사 원형 앞에 놓고 'do, does, did' 뒤에 not을 붙인다.

His questions troubled us. 그의 질문들은 우리를 귀찮게 했다.
→ His questions did trouble us. 그의 질문들은 우리를 정말로 귀찮게 했다.
→ His questions did not trouble us. 그의 질문들은 우리를 귀찮게 하지 않았다.

The book explains everything. 그 책은 모든 것을 설명해 준다.
→ The book does explain everything. 그 책은 정말로 모든 것을 설명해 준다.
→ The book does not explain everything. 그 책은 모든 것을 설명해 주지 않는다.

'do, does, did'는 강조문, 의문문 그리고 부정문과 밀접한 관계가 있다.

평서문 The fund manager saves a lot of money. 그 펀드 매니저는 많은 돈을 모은다.
강조문 The fund manager does save a lot of money. 그 펀드 매니저는 정말로 많은 돈을 모은다.
의문문 Does the fund manager save a lot of money? 그 펀드 매니저는 많은 돈을 모으는가?
부정문 The fund manager does not save a lot of money. 그 펀드 매니저는 많은 돈을 모으지 않는다.

Grammar Check

1. 동사 앞에서 왜 'do, does, did'를 생략하기 시작했을까?
2. 언제 'do, does, did'가 되살아날까?
3. 'does'만 가지고 있는 독특한 음성(sound)은 무엇인가?

Comprehension Quiz

1. 다음 중 틀린 문장을 고르세요.
   ① I do like it. ② She does says it.
   ③ They did buy it. ④ You do know it.

2. 다음 중 do의 영향을 직접 받아서 만들어진 말이라고 할 수 없는 것은 무엇인가요?
   ① 강조문 ② 의문문 ③ 부정문 ④ 감탄문

3. do가 쓰인 다음 문장들 중 강조의 어감이 들어있지 않은 것을 고르세요.
   ① Did you go there? ② Do they come?
   ③ I don't get it. ④ I'll do my homework.

4. 오늘날 일반 문장에서 특별히 강조의 목적이 아닌 이상 동사 'do'를 쓰진 않는다. 그 이유로 가장 적절한 것은?
   ① 중요한 내용을 앞으로 보내서 강조해야 하기 때문이다.
   ② do의 반복을 피하기 위해서 일반 문장에서는 생략한다.
   ③ do의 의미가 중요하지 않아서 그냥 생략해 주었다.
   ④ be 동사가 있기 때문에 사라졌다.

5. 다음 중 문법이 올바르지 않은 문장을 고르세요.
   ① Do you do that often?
   ② Did he say what he did?
   ③ She does make them do that.
   ④ They do think do they know it.

6. 다음 중 do의 용법이 다른 하나를 고르세요.
   ① What did you say?
   ② Do you think that he will come?
   ③ Can you do that?
   ④ Who does she think she is?

Comprehension Quiz

7 다음의 문장을 강조문으로 고치세요.

> I want my students to learn practical grammar from this book, and I hope that they have a better chance to be successful in their test as well as in their future plans.

→ _____
_____

8 다음의 문장을 강조문, 의문문, 부정문으로 바꾸세요.

You have time.

(1) 강조문 → _____

(2) 의문문 → _____

(3) 부정문 → _____

Reading & Writing **Practice**

[1~5] 다음 문장을 해석해 보세요.

1 He does change the time again.

2 Did you say that?

3 They do not sell it.

4 We did learn from this course.

5 Do they know you did write it by yourself?

[6~9] 다음 문장을 영어로 옮기세요.

6 나는 정말로 그녀를 알아요. (강조문)

7 너 그것을 해냈니? / 네가 그것을 만들었니? (의문문)

8 그것은 정말로[확실히] 도움이 되요. (강조문)

9 그들은 그것을 가지고 있지 않아요. (부정문)

Answer Key

Answer Key

Lecture 01
'진행'의 뜻 '~하는 중이다'는 어떻게 표현할까?

Grammar Check
1. be 동사, 현재분사(-ing)
2. 진행형
3. 현재진행형, 과거진행형
4. T
5. F
6. T
7. Package Grammar

Comprehension Quiz

1. ③ 2. ② 3. ③ 4. ④ 5. ① 6. ②

1. ①,②,④번은 진행형 문장이고, ③번은 단순 현재형 문장이다. ③번 문장에서 'working'은 뒤에 있는 명사 'people'을 꾸며 주고 있다.

   〈해석〉
   ①나는 그 아이들을 돌보고 있는 중이었어요.
   ②나는 너에게 잘하려고 노력하는 중이야.
   ③그들은 일하는 사람들이에요.
   ④그 일이 또 일어나고 있다.

2. ran은 과거 동사이기 때문에 또 다른 동사인 be 동사와 겹쳐서 쓸 수 없다. 영어에서는 한 문장에 동사 한 개만 쓰는 것이 원칙이다. 즉, 문장의 주어를 설명해 주는 동사가 반드시 한 개여야 한다.

3. 군침이 돌고 있다는 현재의 상황을 얘기하고 있으므로 현재진행형을 쓰는 것이 적절하다.

4. 'to buy tickets(표를 사기 위해서)'는 'in order to buy tickets'라고 바꿔 쓸 수 있다. 'in order to(~하기 위해서)'를 쓴 표현은 문장의 앞(강조) 또는 뒤에 쓰는 것이 일반적이다.

   <u>In order to buy tickets</u>, I was waiting in line.
   표를 사기 위해서 나는 줄을 서 있는 중이었어.
   I was waiting in line <u>in order to buy tickets</u>.
   나는 줄을 서 있는 중이었어, 표를 사기 위해서.

5. 현재 일어나고 있는 상황을 얘기하고 있으므로 현재진행형의 문장 구조를 만들면 된다.

6. ①,③,④번은 모두 단순 미래형 문장(be going to: ~할 예정이다)인 반면, ②번은 현재진행형 문장이다.

   〈해석〉
   ①누가 먼저 시도해 볼래?
   ②모든 것이 제대로 돌아가고 있는 중이에요.
   ③무슨 일이 일어날 거예요.
   ④넌 왜 그들이 올 거라고 생각하니?

Reading & Writing Practice
1. 나는 너를 도우려고 노력하는 중이야. (현재진행)
2. 너는 네 뒤에 뭔가를 감추고 있구나. (현재진행)
3. 나는 너와 우리의 더 나은 미래를 위해서 평소대로 일하고 있는 중이야. (현재진행)
4. 그것은 매우 빨리 자라고 있어요. (현재진행)
5. 너 나를 놀리고 있는 거야? (현재진행)
6. It is raining all day.
7. Go ahead, I am listening.
8. You are eating mine.
9. I am still thinking.

Lecture 02
'진행'과 '완료'를 나타내는 기호

Grammar Check
1. T
2. -ing, -ed
3. T
4. ①-ing ②-ed ③-ing ④-ed ⑤-ing ⑥-ed ⑦-ing

⑧-ing ⑨-ing

5. have는 '완료'의 뜻을 가지고 있으므로 그 뒤에 쓰는 단어도 '완료'의 뜻을 가진 '과거분사'를 써야 한다. 이와 달리, '현재분사'는 '진행'의 의미를 가지고 있어서 '완료'의 뜻을 가진 have와 뜻이 어울리지 않으므로 자연스러운 해석을 할 수 없다.
6. 'have 동사'와 '과거분사'
7. 현재완료
8. T
9. have/has+과거분사
10. T
11. 흐름상 완료의 의미를 나타내는 과거분사가 생긴 후에 완료형이 만들어졌다.
12. T - 기존의 have와 과거분사를 합한 것이다.
13. Package Grammar 또는 Family Group
14. 영어의 시간 개념을 3개, 6개, 12개 등으로 보는 서로 다른 의견들이 있다. 그러나, 영어를 외국어로 공부하는 사람들에게는 12개로 보는 쪽이 교육상 더 도움이 된다는 시각이 지배적이다.
15. 두 개. 현재분사(-ing)를 사용하는 진행형과 과거분사(-ed)를 사용하는 완료형으로 나눌 수 있다.
16. 현재분사(-ing), 과거분사(-ed)
17. 모든 완료 시제
18. 모든 진행 시제

Comprehension Quiz

1. ① 2. ④ 3. ③ 4. ④ 5. ①, ③, ⑦ 6. 현재: 현재진행, 현재완료, 현재완료진행 과거: 과거진행, 과거완료, 과거완료진행 미래: 미래진행, 미래완료, 미래완료진행
7. ③ 8. ④ 9. ③ 10. (1) have (2) had (3) is (4) have been (5) will (6) will have been

1. 각 동사의 현재분사는 아래와 같이 쓴다.
   cut → cutting
   jump → jumping
   kick → kicking
   hope → hoping
2. ①, ②, ③번에선 have가 일반 동사로 쓰인 반면, ④번에선 현재완료형(have/has+과거분사)으로 쓰였다.

〈해석〉
① 나는 차를 한 대 가지고 있다.
② 그것은 그것만의[고유의] 스타일을 가지고 있어.
③ 우리는 우리가 필요한 것을 가지고 있다.
④ 그녀는 그것을 위해서 준비해 왔어.

3. ① 현재완료형: have+과거분사
   ② 현재완료형: has+과거분사
   ③ 일반 동사 has
   ④ 현재완료형: have+과거분사

〈해석〉
① 나는 그것을 해냈어[성공했어].
② 누가 그 창문을 열었니?
③ 그녀는 중고 컴퓨터를 많이 가지고 있어.
④ 그들이 그 기관[협회]을 세웠다.

4. 과거분사(p.p.)는 모든 완료형을 만들 때 필요하다.
5. 현재완료진행형: have/has+been+-ing
7. ① 과거진행
   ② 단순 과거
   ③ 현재완료
   ④ 단순 과거

〈해석〉
① 나는 주문하고 있었어요.
② 나는 봤어요.
③ 나는 깨끗이 닦았어요[청소했어요].
④ 나는 받아들였어요.

8. ① 단순 과거
   ② 과거진행
   ③ 현재완료
   ④ 과거완료

〈해석〉
① 그들은 대화를 했다.
② 그녀는 점점 좋아지고 있었어요.
③ 네가 그것을 했다.
④ 그녀는 도메인 이름을 등록했었다.

9. ① 단순 미래
   ② 현재완료진행
   ③ 현재완료
   ④ 미래완료

〈해석〉
① 누가 그것을 할 거니?
② 오늘 하루 종일 비가 오고 있는 중이야.
③ 사람들이 줄을 섰다.
④ 네가 여기에 도착할 쯤에는 내가 그것을 고쳐 놨을 거야.

10. 〈해석〉
① 나는 전에 그것을 본 적이 있어.
② 그는 그것을 눈치챘었어.
③ 그녀는 너처럼 행동하고 있어.
④ 나는 세 시간 동안 앉아서 타이핑을 하고 있는 중이야.
⑤ 누가 설거지를 할래?
⑥ 네가 올 때쯤이면 그들이 기다리고 있는 중일 거야.

Reading & Writing Practice

1. 아무도 아직 그것을 눈치채지 못했어요. (현재완료)
2. 나는 이런 것을 전에 한 번도 본 적이 없어요. (현재완료)
3. 그녀는 더 많은 사진을 업데이트해 놓았어요. (현재완료)
4. 나는 방금 먹어서 지금은 배가 안 고파요. (현재완료)
5. 저는 방금 끝냈어요. (현재완료)
6. Nothing has happened.
7. I have heard about you.
8. It has just started.
9. You have said that.

Lecture 03
영어의 '12시제'

Grammar Check

1. T
2. 두
3. 현재분사, 과거분사
4. 모든 완료 시제
5. 모든 진행 시제
6. 모든 완료진행 시제
7. 미래완료진행 시제(will have been -ing)
8. T
9. (1) 현재진행
   (2) 과거진행
   (3) 미래진행
   (4) 현재완료
   (5) 과거완료
   (6) 미래완료
   (7) 현재완료진행
   (8) 과거완료진행
   (9) 미래완료진행
   (10) 단순현재
   (11) 단순과거
   (12) 단순미래

Comprehension Quiz

1. ④ 2. ② 3. ② 4. ③ 5. ① 6. ③ 7. ②
8. (1) I have finished. (2) They have been negotiating.
   (3) The chair is being painted.

1. ① have said → 현재완료형
   ② has been raining → 현재완료진행형
   ③ had known → 과거완료형
   ④ has → 단순현재형

   〈해석〉
   ① 네가 방금 그걸 말했잖아.
   ② 일주일 내내 비가 오고 있는 중이야.
   ③ 그들은 수년간 그것을 알고 있었어.
   ④ 그는 그것에 관해서 뭔가 말할 게 있어.

2. 현재완료형 'Time has come.'을 써야 바로 뒤의 문장 'We have to go.(단순현재형)'와 시제가 맞는다.
   ① Time came. - 과거에 '시간이 왔다.'라는 뜻이므로 현재의 시간과는 관계가 없다.
   ② Time has come. - '이제 시간이 되었다.'라는 뜻의 현재완료형 문장이다.
   ③ Time was coming. - 과거에 '시간이 오고 있는 중이었다.'이므로 현재의 시간과는 관계가 없다.
   ④ Time comes. - '시간이 온다.'라는 뜻이므로 현재뿐만 아니라 미래도 얘기하고 있다. 시간의 범위가 넓어서 특정 시간대를 나타내기 어렵다.

〈해석〉
이제 시간이 되었습니다. 우리는 가야만 합니다. 우리는 곧 다시 돌아올 것을 약속해요. 그때까지 마음을 단단히 하시고 몸조리 잘하세요. 여러분은 여러분의 힘을 보여주었기에 우리는 여러분이 해낼 것이라는 것을 믿어요.

3. 과거의 일이나 행동이 현재에도 영향을 미치는 상태를 말하므로 '현재완료형'이나 '현재완료진행형'을 써야 한다. 다만, 이중에서 어떤 행동이 현재에도 계속 진행 중임을 강조할 경우에는 '현재완료진행형'을 쓴다.
I have been exercising so far. (현재완료진행형)
I haven't missed a day. (현재완료형)

4. 영어에서 과거 시제는 과거에 일어나서 과거에 끝났다는 뜻을 가지고 있다. 따라서, 현재와 연결되지 못한다. 만일 과거의 일이 현재에도 영향을 주고 상관이 있을 경우에는 현재완료형을 써야 한다.
①이것은 작년 이후로 계속 이런 상태야.
  - 작년부터 이어져 온 상태이며 지금도 그렇다는 뜻이다.
②나는 내 몫을 끝냈어.
  - 과거에 있었던 일이므로 현재는 어떤 상태인지 알 수 없다.
③그녀는 방금 도착했어요.
  - 현재 도착을 완료했음을 알 수 있다.
④마침내 그들이 동의를 했어요.
  - 과거에 동의한 것이므로 현재는 어떤지 알 수 없다.

5. ①현재완료형
②현재완료형 수동태
③현재완료형 수동태
④현재완료형 수동태
〈해석〉
①그녀는 마음이 상했다.
②나는 그녀에게 도움을 받아 왔다.
③그것은 여러 가지 목적을 위해[다목적으로] 사용돼 왔다.
④이 책은 2006년 이후로 팔려 왔다.

6. ①현재완료진행
②현재완료진행
③현재완료
④현재완료진행
〈해석〉
①그들은 이것을 위해서 기도해 오고 있다.

②나는 영어를 공부해 오고 있다.
③그는 그 자리[직위]에 고려되었다.
④너하고 Sam은 그것에 대해서 논쟁을 해 오고 있다.

7. 모든 진행형에는 '-ing(~하는 중)'가 필요하다.
모든 완료형에는 '-ed(~당한, ~된, ~어진)'가 필요하다.
모든 완료진행형에는 'been -ing(계속해서 ~하는 중이다, ~해 오고 있다)'가 필요하다.

Reading & Writing Practice

1. 너 얼마나 오랫동안 기다리고 있는 중이니? (현재완료진행)
2. 나는 오후 여섯 시에 거기에 도착해 있을 거예요. (미래완료)
3. 나는 네가 좋든 싫든 너를 기다리고 있을 거야. (미래진행)
4. 나는 네가 올 때쯤이면 그 책을 읽고 있는 중일 거야. (미래완료진행)
5. 내가 그곳에 도착했을 때 그는 이미 짐을 싸 놓았어요. (과거완료)
6. This area has changed dramatically.
7. You have been a great help.
8. I have lived here for five years.
9. I have been waiting for them for three hours.

Lecture 04
Common Mistakes - 시제와 관련한 흔한 실수들

Comprehension Quiz

1. ① 2. ② 3. ③ 4. ④ 5. ① 6. ④ 7. ①
8. ② 9. ③

1. have got은 have와 같은 뜻이다.
①단순 현재
②단순 과거
③현재완료
④과거완료

〈해석〉
① 나는 아이디어를 좀 가지고 있어요.
② 나는 아이디어를 좀 가지고 있었어요.
③ 나는 아이디어를 좀 구했어요[얻었어요].
④ 나는 (과거 그때까지) 아이디어를 좀 구했었어요[얻었었어요].

2. 문장에서 쓰인 과거 시제를 통해 그녀가 과거에 긴 머리를 가지고 있었던 것은 확실히 알 수 있다. 그러나 그것은 과거의 상태나 일을 나타낼 뿐 지금은 어떤지 전혀 알 수가 없다.

3. ① 단순 과거형
   ② 단순 과거형 수동태
   ③ 현재완료형: 현재 가지고 있는 상태를 나타냄.
   ④ 현재진행형
   〈해석〉
   ① 나는 정말로 그 가죽 소파를 구입했어.
   ② 그 가죽 소파는 나에 의해서 구입되었어.
   ③ 나는 그 가죽 소파를 구입했어.
   ④ 나는 그 가죽 소파를 구입하고 있는 중이야.

4. 영어의 과거 시제는 현재와 연결성이 매우 약하거나 없다. 그러므로 과거 시제만 보고 현재가 어떨지 판단할 수 없다. 즉, 남자 친구를 2년 전에 만난 것은 사실이나 현재는 어떤 상태인지 알 수가 없다.
   cf. I have met my boyfriend for two years.
   - 남자 친구를 만난 지 현재까지 2년 되었다.
   I have been meeting my boyfriend for two years.
   - 남자 친구를 만난 지 현재까지 2년 되었고 지금도 계속해서 만나고 있는 중임을 강조하고 있다.

5. 'always(항상)'를 진행형과 함께 쓰면 '불평, 불만'의 뉘앙스가 전달된다.

6. My parents are always waking me up early in the morning.
   나의 부모님은 만날 나를 아침 일찍 깨워.
   - 불평, 불만을 느낄 수 있다.
   cf. My parents always wake me up early in the morning.
   나의 부모님은 항상 나를 아침 일찍 깨워.
   - 불평, 불만을 느낄 수 없다.

7. 미래에 일어날 일을 마치 지금 일어나는 것처럼 '현재진행형'을 쓴 경우가 가장 확실하게 일어날 일을 말하는 것이다.
   ① 현재진행형
   ② 단순 미래형
   ③ 단순 미래형
   ④ 단순 현재형
   〈해석〉
   ① 나는 내일 떠나요.
   ② 나는 내일 새 일자리를 찾아볼 거예요.
   ③ 나는 내일 너를 만날 예정이야.
   ④ 나는 내일 그의 직장에 간다.

8. What have you done? (현재완료형)
   - '(현재까지) 무슨 일을 했니?'의 대답으로 현재완료형을 쓰는 것이 좋다.
   When will you reply? (단순 미래형)
   - '언제 대답을 해 줄 거니?'의 대답으로 단순 미래형을 쓰는 것이 좋다.
   Have you been there? (현재완료형)
   '너 거기에 가 본 적 있니?'의 대답으로 현재완료형을 쓰는 것이 좋다.

9. 영어 시제의 모든 진행형과 완료형에 각각 현재분사(-ing)와 과거분사(-ed)가 들어간다.

Reading & Writing Practice

1. 봄이 가고 여름이 왔습니다.
2. 그는 한 시간 전에 그의 집에 돌아왔어요. 그가 아직 집에 있는지 없는지 모르겠어요.
3. 그녀는 그녀의 집으로 돌아왔어요. 그녀가 아직 집에 있다고 확신해요.
4. 저는 11년 전에 가르치는 것을[가르치기] 시작했어요. 저는 여전히 가르치고 있어요. 저는 11년 동안 가르쳐 오고 있습니다.
5. 나는 만날 뭔가를 잊어버려.
6. We have got some extra money.
7. I have got a solution.
8. I have wanted to see you.
9. Everybody has at least one talent.

Lecture 05
영어로 길게 쓴다?

Grammar Check
1. 문장 속에 '형용사' 쓰기, 문장 속에 '전치사+명사' 쓰기, 문장 속에 '형용사절' 쓰기(Bing Bang Effect)
2. F
3. T

Comprehension Quiz

1. ① 2. ①, ③, ④ 3. ②, ④ 4. ③ 5. ④ 6. ③ 7. I was sitting in the subway. I was half asleep. I felt an old woman standing in front of me. I did not want to give the seat <u>I have</u> to her. I pretended to sleep. When the subway arrived at the station <u>I needed to get off at</u>, I raised my head and looked at the old woman. Surprisingly, it was my mother. I asked why she didn't tell me. She said, "I didn't want to wake you up because you looked tired."

8. 〈정답 예〉
(1) I found my credit card <u>in my pocket</u>. 나는 내 주머니 속에서 내 신용 카드를 찾았다. / I found my credit card <u>on the floor</u>. 나는 바닥에서 내 신용 카드를 찾았다. / I found my credit card <u>under the desk</u>. 나는 그 책상 아래에서 내 신용 카드를 찾았다. (2) I found my credit card <u>(that) I lost today</u>. 나는 오늘 잃어버린 내 신용 카드를 찾았다. / I found my credit card <u>(that) was in a side pocket of my backpack</u>. 나는 내 배낭의 옆 호주머니에 있던 내 신용카드를 찾았다. / I found my credit card <u>(that) I used a week ago</u>. 나는 일주일 전에 사용했던 내 신용 카드를 찾았다.

1. 명사는 문장에서 주어(A), 목적어(C), 그리고 전치사의 목적어(E) 자리에 쓸 수 있다. 또한, 명사(F) 주변에 형용사, 전치사구(전치사+명사), 형용사절을 써서 쉽게 글의 길이를 늘릴 수 있다.
2. 형용사는 모든 명사 앞에 쓸 수 있다. 따라서, 명사인 people, things, places 앞에 형용사를 쓸 수 있다.
3. '전치사+명사', 즉 '전치사구'는 모든 문장 앞 또는 뒤에 쓸 수 있다.
  예) <u>At night</u>, campers should stay in this area.
  Campers should stay in this area <u>at night</u>.

* at night: 밤에

4. ①번 자리 → <u>I have</u> this discount ticket costs only 10 dollars. - 문법이 틀리다.
②번 자리 → This <u>I have</u> discount ticket costs only 10 dollars. - 문법이 틀리다.
③번 자리 → This discount ticket (<u>I have</u>) costs only 10 dollars. - 'this discount ticket(이 할인 티켓)'을 꾸며 주는 형용사절로 <u>I have</u>를 사용한 문장이므로 맞다.
〈해석〉
(내가 가지고 있는) 이 할인 티켓은 단돈 10불밖에 안 한다.
④번 자리 → This discount ticket costs <u>I have</u> only 10 dollars. - 문법이 틀리다.

5. 분사, 문장(형용사절), 전치사구는 필요하면 명사 뒤에 끼워 넣어 전체 문장을 길게 할 수 있다. 그러나, 관사는 반드시 명사 앞에만 써야 하며 특히 셀 수 있는 단수 명사 앞에는 늘 a[an]를 써 줘야 하므로, 문장 속에 끼워 넣는 문법과는 별개다.

6. 분사, 문장(형용사절), 전치사는 필요에 따라 끼어 넣었으므로 빼도 문법에 지장을 주지 않는다. 하지만 접속사를 빼면 말이 어색해 질 수 있다.

7. • the seat <u>I have</u> 내가 가지고 있는[내가 앉아 있는] 그 자리
 • the station <u>I needed to get off at</u> 내가 내려야 할[하는] 그 역
〈해석〉
나는 지하철에 앉아 있었습니다. 나는 비몽사몽간에 있었어요. 나는 한 늙은 여자가 내 앞에 서 있는 것을 느꼈어요. 나는 내가 앉아 있는 그 자리를 그녀에게 주고 싶지 않았어요. 나는 자는 척 했습니다. 그 지하철이 내가 내려야 할 역에 도착했을 때 나는 고개를 들어서 그 노인을 쳐다봤어요. 놀랍게도 그 사람은 나의 어머니였어요. 나는 왜 나한테 말하지 않았냐고 물었어요. 어머니는 "네가 피곤해 보여서 깨우고 싶지 않았지."라고 말씀하셨습니다.

Reading & Writing Practice
1. 나는 네가 여행 동안에 찍은 그 사진들이 맘에 들어.
2. 너는 선생님이 이번 장에서 강조한 그 핵심 사항을 이해해야 해.
3. 너 내가 아침에 쓰고 있던 내 선글라스 봤니?

4. 나는 그들에게 들은 그 뜬소문을 믿지 않아요.
5. 나는 사람들과 잡지들이 얘기하고 있는 그 영화를 보았어요.
6. I lost the shopping list she gave me in the mall.
7. The number you dialed was 010-1234-0000.
8. I want to buy the book I read in the library.
9. People I met in Jeju were all kind.

Lecture 06
문장의 수준을 높이는 네 단계

Grammar Check

1. 끼워 넣는 문법이다.
   (참고로, 영어에서 끼워 넣는 개념이 강한 것으로는 부사를 포함해서, 형용사, 전치사구, 형용사절이 있다. 특히, 이중에서 가장 문장을 길게 쓸 수 있는 방법은 Big Bang Effect 또는 Radical Change Effect를 주는 형용사절을 쓰는 것이다. 형용사절 안에는 또 다시 부사, 형용사, 전치사구, 형용사절을 끼워 넣어서 전체 문장을 길게 늘릴 수 있다.)
2. T
3. F
4. 형용사절
5. 모든 명사 뒤.
6. 명사를 먼저 쓴다. 끼워 넣는 문법은 명사를 기준으로 그 앞뒤에 쓰는 것이기 때문이다.
7. 앞에 있는 명사와 내용상 어울릴 만한 또는 그 명사를 꾸밀 만한 문장을 하나 준비해서 그 뒤에 써 준다.
8. 문장 뒤, 명사 뒤.
9. T

Comprehension Quiz

1. ③ 2. ① 3. ① 4. ③ 5. ③ 6. ② 7. ④
8. ④

1. ③ someone I know 내가 아는 누군가
2. 명사를 꾸며 주는 것은 모두 형용사다. 문장 형태로 명사를 꾸며 주면 형용사 문장, 즉 형용사절이라고 하는데, 이것은 명사 뒤에 쓴다.
   the score (명사) + I received (형용사절)
   → the score I received 내가 받은 점수
3. 형용사절은 명사 뒤에 쓸 수 있으므로 명사의 개수만큼 쓸 수 있다.
4. ① the picture she has been drawing
      그녀가 그려 오고 있는 그 그림 (○)
   ② the same sign I saw 내가 본 그 똑같은 표지판 (○)
   ③ cars so much I am interested in (×)
      - 명사 'cars'만 앞으로 보내고 'so much'라는 부사구는 뒤에 두어 'cars I am interested in so much(내가 아주 많이 관심을 두고 있는[흥미를 가지고 있는] 차들'로 써야 맞다.
   ④ English we study 우리가 공부하는 영어 (○)
5. ① 네가 언급한 (형용사절)
   ② 내가 알고 있던 (형용사절)
   ③ 그의 친구 (명사)
   ④ 그녀가 말한 (형용사절)
   〈해석〉 그 이름이 목록에 있었다.
6. We have a dream. 우리는 꿈을 가지고 있다.
   - 시작 문장: 주어＋동사＋목적어
   → We have a dream we want to achieve.
      - 형용사절을 사용한 첫 번째 문장 확장.
   → We have a dream we want to achieve in the future.
      - 전치사구를 사용한 두 번째 문장 확장.
   〈해석〉
   우리는 우리가 미래에 성취하고 싶은 꿈을 가지고 있다.
7. ① 당신이 살아 온 삶은 집에 있는 거울과도 같습니다.
      그것에 미소를 보내면 그것은 당신에게 미소를 돌려주죠.
      (희망과 성공으로 보답한다는 뜻).
   ② 신이 당신에게 준 삶은 당신 앞에 있는 거울과도 같습니다.
      그것에 미소를 보내면 그것은 당신에게 미소를 돌려주죠.
   ③ 우리가 가진 삶은 벽에 있는 거울과도 같습니다.
      그것에 미소를 보내면 그것은 당신에게 미소를 돌려주죠.
   ④ 당신이 구입한 삶은 당신 배 속에 있는 거울과도 같습니다.
      그것에 미소를 보내면 그것은 당신에게 미소를 돌려주죠.

- 내용이 어색하다.
8. ①그가 해 준 조언
   - 형용사절 'he gave'가 'the advice'를 수식하고 있다.
   ②그 진심 어린 조언
   - 형용사 'sincere'가 'advice'를 수식하고 있다.
   ③너를 위한 조언
   - 전치사구 'for you'가 'the advice'를 수식하고 있다.
   ④그 조언이 나를 구했어요.
   - 'the advice'가 주어로 사용되었다.

Reading & Writing Practice
1. 네가 바꾼 답이 정답이었어.
2. 이것은 내가 기다려 온 기회예요. (현재완료진행)
3. 그는 네가 사무실에서 만나기로 되어 있는 사람이야.
4. 나는 내가 너를 엘리베이터에서 만난 그 날을 결코 잊지 못할 거야. (단순 미래)
5. 네가 가지고 있는 가방이랑 내가 집에 가지고 있는 가방이 똑같다.
6. The food you ate was mine.
7. I love the gift you gave me.
8. I downloaded the game you told me.
9. These are the books I read when I was a child.

Lecture 07
주격 관계대명사 'that'

Grammar Check
1. 앞이나 뒤에 있는 명사를 꾸며 준다.
2. 명사 앞: 일반적인 형용사의 용법.
   명사 뒤: 강조 또는 형용사절을 구로 줄인 형태.
   예1) 일반적인 형용사 사용법: the big gift
        형용사의 강조 용법: the gift big
   예2) 형용사절: the book that is expensive
        = 형용사구: the book expensive
        = 형용사를 명사 앞으로 보냄: the expensive book
3. T
4. T
5. F
6. 모든 명사 뒤.
7. 형용사절 끼워 넣기(Big Bang Effect)

Comprehension Quiz
1. ① 2. ① 3. ② 4. ② 5. ④ 6. ① 7. He that seeks trouble always finds it. 8. (1) The book (that) I am reading is thin. (2) These are the materials that have been helpful. (3) I like a person who is thoughtful.

3. I thought and thought about her opinion.
   Her opinion was against my plan.
   →I thought and thought about her opinion.
     That was against my plan.
   →I thought and thought about her opinion that was against my plan.
4. What do you think about the shirt?
   The shirt was displayed in the second row.
   →What do you think about the shirt?
     That was displayed in the second row.
   →What do you think about the shirt that was displayed in the second row.
5. ④The smell (The smell made me dizzy) came from the hole.
   The smell (that made me dizzy) came from the hole.
   나를 어지럽게 한 그 냄새는 그 구멍에서 나왔다.
6. ①The smell (The smell came from the hole) made me dizzy.
   The smell (that came from the hole) made me dizzy.
   그 구멍에서 나온 냄새는 나를 어지럽게 했다.
7. 관계대명사 that이 형용사절의 시작을 알린다.
   〈해석〉
   문젯거리를 찾는[모색하는, 추구하는] 그는 항상 그것을 발견한다.

Reading & Writing Practice
1. 지금 오는 버스는 서울역으로 가요.

2. 사무실에서 너무 짧거나 또는 너무 화려한 치마는 입지 마세요.
3. 나는 화요일과 목요일에 하는 그 TV 드라마를 놓치고 싶지 않아요.
4. 위로 올라갔다 내려갔다 하는 저게 뭐지?
5. 당신은 모두에게 감동을 준 연설을 했어요.
6. Most stores that are around here open at 11 a.m.
7. This is the work that requires extra time to finish.
8. I am looking for a souvenir that is not expensive.
9. I like the dress that is displayed in the window.

Lecture 08 선행사와 관계사

Grammar Check

1. 명사 that
2. 주격 관계대명사
3. 앞에 오는 명사(preceding noun), 즉 선행사
4. T
5. F - 관계대명사와 선행사는 내용상 같은 것임을 꼭 기억하자. 같은 명사를 반복해서 쓰지 않기 위해서 하나를 that으로 바꾼 것이다. 그러므로 관계대명사 앞에 있는 선행사는 항상 명사이다.
6. T
7. 내용을 구체적이고 자세하게 전달하기 위해서.
8. 선행사에 따라 관계사를 엄격히 구별하는 것이 오히려 말의 속도를 느리게 하고 실수를 일으키는 원인이 될 수 있다. 선행사를 사람으로 볼지 사물로 볼지 또는 장소로 볼지 모호한 경우 관계사를 정하기 어려워지기 때문이다.
9. 선행사의 종류에 상관없이 쓸 수 있는 that을 많이 사용한다. 하지만 academic writing에서는 that뿐만 아니라 'who, which, where, when, whom, whose'도 반복을 피하기 위해서 적절히 섞어서 사용한다.
10. 관계사(that, which, where, when, whom, whose)
11. 일상생활 속에서는 that을 형용사절의 시작점으로 많이 사용한다.

Comprehension Quiz

1. The world is a dangerous place to live – not because of the people who are evil but because of the people who don't do anything about it. – Albert Einstein – 2.① 3.② 4.① 5.④ 6.③
7.④

1. 세계는 살기에 위험한 곳이다. 그것은 사악한 사람들 때문이 아니라 그것(악)에 대해서 아무것도 하지 않는[아무런 행동도 취하지 않는] 사람들 때문이다. -아인슈타인-
   the people(선행사) who are evil(형용사절)
   the people(선행사) who don't do anything about it(형용사절)

2. Make yourself necessary to somebody who needs your help.
   너의 도움이 필요한 누군가에게 네 자신을 필요한 사람으로 만들라.
   → 너의 도움이 필요한 누군가에게 필요한 사람이[존재가] 되라.

3. It was me. 그건 나였어.
   I called you late at night. 내가 밤늦게 전화했어.

4. I like the thing. + You have just said that.
   ② I like the thing that you have just said.
   나는 네가 방금 말한 그것이 마음에 들어.
   ③ I like what you have just said.
   나는 네가 방금 말한 것이 마음에 들어.
   ④ I like the thing you have just said.
   나는 네가 방금 말한 그것이 마음에 들어.

5. He knows the place. + It is at the place.
   ① He knows where it is. 그는 그것이 어디에 있는지 알아.
   ② He knows the place which it is at.
   그는 그것이 있는 그 장소를 알아.
   ③ He knows the place at which it is.
   그는 그것이 있는 그 장소를 알아.

6. ① Anyone who comes first 누구든 맨 먼저 오는 사람
   ② Anyone who answers first 누구든 맨 먼저 대답하는 사람
   ③ Anyone who access first (×)
   - 선행사인 anyone이 3인칭 단수이므로 'access'를 'accesses'로 고쳐야 한다. (Anyone who accesses first

누구든 맨 먼저 접속하는 사람)
④ Anyone who volunteers first
누구든 맨 먼저 자원하는 사람

7. ① Cultures that seem to be different 다르게 보이는 문화
② Cultures that they have 그들이 가진 문화
③ Cultures that are from other countries
다른 나라에서 온 문화
④ Cultures that similar to ours (×)
- 관계대명사 that 다음에 동사가 빠져 있다. (Cultures that are similar to ours 우리 것과 비슷한 문화)

Reading & Writing Practice

1. 이 교통 체증을 일으키는 것은 그 건설 공사예요.
2. 한국에서 만드는 3-D TV는 잘 알려져 있어요.[유명해요].
3. 그것이 이것보다 싼 유일한 것이에요.
4. 당신은 그가 살고 있는 곳을 알고 있나요?[당신은 그가 어디에 사는지 알아요?]
5. 나는 우리가 함께 일했던 그 해를 기억해요.
6. Anyone who is tired can rest here.
7. I hear someone who is calling my name.
8. The woman who is waiving hands is Sonya.
9. It was me who was waiting for you.

Lecture 09
형용사절과 형용사구

Grammar Check

1. 관계대명사 (이유: 관계대명사 바로 앞에 있는 명사와 의미상 반복되므로), be 동사
2. 형용사절 안에 있는 일반 동사 (이유: 빼면 내용 이해에 지장을 주므로)
3. be 동사가 가지고 있는 시제만 사라질 뿐 전체 내용을 이해하는 데 큰 지장을 주지 않기 때문이다.
4. 일반 동사는 시제 외에 내용상 중요한 메시지를 담고 있기 때문이다.
5. 구로 바꾸기 전의 문장 형태가 수동태였다는 것을 알 수 있다.
예) 절: I saw many cars that were parked on the street. 나는 길에 주차되어 있는 많은 차들을 보았어요.
구: I saw many cars parked on the street.
6. 명사 앞으로 보낸다. 또는 드물긴 하지만 강조를 위해서 뒤에 남겨 둘 수도 있다.
7. 관계대명사 뒤에 주어가 있을 때에는 구로 줄이지 못한다. (이유: 형용사절 안에 있는 주어가 나머지 어느 단어와도 내용상 겹치지 않기 때문에 뺄 수 없다. 즉, 독자적인 뜻을 전달하고 있는 것이다. 절을 구로 고치는 근본적인 이유가 반복되는 단어나 내용을 없애는 것이 목적인데 반복이 되지 않는다면 뺄 수가 없다.)
8. 'that'이다. (이유: the restaurant과 that이 같은 의미로서 반복되고 있으므로 빼도 내용 이해에 지장을 주지 않기 때문이다.)
9. • 관계대명사가 있고 그 뒤로 동사가 나온 문장을 모두 빼도 전체 문장이 문법적으로 맞는지 본다.
예) The message (that I got from my ex-boyfriend) was about the meeting.
내 예전 남자 친구에게서 받은 메시지는 그 모임에 대한 것이었어요.
- 주 문장: The message was about the meeting.
- 형용사절: that I got from my ex-boyfriend
• 문장에서 첫 번째 동사를 확인한다. 그 뒤에 두 번째로 나오는 동사를 확인한다. 각 동사를 가지고 있는 두 문장 중 하나는 형용사절이다.
예1) He is the man (you must meet). 그는 네가 꼭 만나야 하는 사람이야.
is: 첫 번째 동사, meet: 두 번째 동사
예2) The man (I told you) is him. 내가 너한테 얘기했던 남자가 그 사람이야.
- told: 첫 번째 동사, is: 두 번째 동사
10. C > B > A
11. 절을 구로 고칠 때 be 동사를 생략하거나 일반 동사에 -ing를 붙여서 동사의 형태를 사라지게 하므로 각 동사가 가지고 있던 시제는 알 수 없게 된다.

Comprehension Quiz

1. ④ **2.** The team that was losing the game scored two goals in the last five minutes and won the game. People who were watching that game were all excited.
3. ② **4.** (1) The boy missing for two days came back home safely. (2) Why don't you tell me the condition in your mind? (3) Where do I get the pamphlet showing the location and the time? **5.** ④
6. ② **7.** ③ **8.** (1) a society changing every day (2) a book teaching grammar (3) people eating[having] in the restaurant

1. 형용사절은 모든 명사 뒤에 쓸 수 있다.

2. 경기에 지고 있던(that was losing the game) 그 팀이 마지막 5분 동안 두 골을 넣어서 그 경기를 이겼다. 그 경기를 보고 있던(who were watching that game) 사람들은 모두 흥분했다.

3. • a friend who helps in need (형용사절)
   → a friend helping in need (형용사구)
   • a difficulty which gives us a hard time (형용사절)
   → a difficulty giving us a hard time (형용사구)
   • a friend who stays with us in a difficult time (형용사절)
   → a friend staying with us in a difficult time (형용사구)

   〈해석〉
   옛말에 '필요할 때 도와주는 친구가 진정한 친구다.'라는 말이 있다. 우리는 때때로 우리에게 힘든 시간을 주는 고난을 만날 때가 있다. 힘든 때에 우리와 함께 머물러 있는 친구가 참된 친구다. 친구가 없이는 우리의 삶은 사막과 같을 것이다.

4. (1) The boy who missing for two days came back home safely.
   이틀간 실종되었던 그 소년이 안전하게 집으로 돌아왔다.
   (2) Why don't you tell me the condition in your mind?
   나한테 네 마음속에 있는 조건을 말해 보는 게 어때?
   (3) Where do I get the pamphlet showing the location and the time?
   그 장소와 시간을 보여 주는 팸플릿을 어디에서 구할 수 있니?

5. ① A man knowing his shortcomings is a wise man.
   자신의 약점을 아는 사람은 현명한 사람이다.
   ② A man who can manage time is a wise man.
   시간을 관리할 줄 아는 사람은 현명한 사람이다.
   ③ A man who prepares for the future is a wise man.
   미래를 준비하는 사람은 현명한 사람이다.
   ④ A man is sleeping and hiding is a wise man.
   잠을 자고 숨는 사람은 현명한 사람이다.
   - 문법도 틀렸고('is'를 빼야 함.) 내용도 어색하다.

6. ① There are some students who are studying all night and preparing for the test.
   → There are some students studying all night and preparing for the test.
   시험을 위해서 밤을 새워서 공부하고 준비하는 몇몇 학생들이 있다.
   - 관계대명사 who를 생략하고 be 동사를 생략한다.
   ③ There are some students who study all night and prepare for the test.
   → There are some students studying all night and preparing for the test.
   - 관계대명사 who를 생략하고 동사 원형에 -ing를 붙인다.
   ④ There are some students who have studied all night and prepared for the test.
   → There are some students having studied all night and prepared for the test. / There are some students studying all night and preparing for the test.
   - 관계대명사 who를 생략하고 have를 having으로 바꾼다. 만일 완료형이라는 시제를 전달하지 않을 경우 having마저도 생략할 수 있다.

7. ① I misunderstood the woman who was in our group.
   → I misunderstood the woman in our group.
   나는 우리 그룹에 있는 그 여자를 오해했어.
   ② She had someone who supported her.
   → She had someone supporting her.
   그녀에게는 그녀를 지원하는 누군가가 있었다.
   ③ I can't hear what you are saying.
   네가 말하고 있는 게 안 들려.
   - 형용사구로 고칠 수 없다.
   ④ The news that comes from the head office is trustworthy.

→ The news coming from the head office is trustworthy.
본사에서 온 그 소식은 믿을 만해.

Reading & Writing Practice
1. 피곤한 사람은 누구든지 여기에서 쉴 수 있어요.
2. 지금 오는 버스는 서울역으로 가요.
3. 사무실에서 너무 짧거나 또는 너무 화려한 치마는 입지 마세요.
4. 나는 진열장에 전시된 그 드레스가 맘에 들어요.
5. 나는 비싸지 않은 기념품을 찾고 있는 중이에요.
6. 그것이 이것보다 싼 유일한 것이에요.
7. 누군가가 내 이름을 부르는 것이 들려요.
8. 손을 흔들고 있는 그 여자는 Sonya예요.
9. 너를 기다리고 있었던 사람이 나였어.
10. 이것은 끝내려면 추가 시간이 필요한 일이에요.
11. I don't want to miss the TV drama on Tuesday and Thursday.
12. Every morning there are traffic jams caused by the construction work.
13. What is the thing moving up and down?
14. The 3-D TV made in Korea is well-known.

Lecture 10
문장 속 형용사절의 활용

Grammar Check
1. T
2. 명사
3. F

Comprehension Quiz
1. ② 2. ④ 3. 일곱 개

The easiest kind of relationship I have is with 10,000 people. The hardest is with the one I live with.
(참조: Joan Baez 인용문)

A small boy is sent to bed by his father.
The boy who is sent to bed is thirsty.
[Five minutes later]
"Da-ad . . ."
"What?"
"I'm thirsty. Can you bring me a drink of water that is in the kitchen?"
"No. You had your chance. The chance that you had was five minutes ago. Lights out."
[Five minutes later]
"Da-aaaad . . ."
"WHAT?"
"I'm THIRSTY. Can I have a drink of water that is surely in the kitchen?"
"I told you NO! If you ask again, I'll have to spank you!!"
[Five minutes later]
"Daaaa-aaaAAAAD . . ."
"WHAT??!!"
"When you come in to spank me, can you bring me a drink of water that is definitely in the kitchen?"
4. ② 5. ②, ③, ⑥ 6. ② the patients who are in a mental hospital → the patients in a mental hospital ③ the hospital director who reviewed the rescuer's file → the hospital director reviewing the rescuer's file 7. ③

1. 절을 구로 고치면 시제가 사라지므로 정확한 시제를 전달하고자 할 때에는 바꾸지 않는다. 그리고 주어는 내용상 중요하므로 빼면 안 된다.
2. ① The cookies (which were) made for your birthday party were boxed.
   너의 생일 파티를 위해서 만들어진 쿠키들이 상자에 담겼어.
   ② The candies (that are) displayed in the window look very sweet.
   진열장에 전시된 사탕들은 매우 달게 보인다.
   ③ The milk (that was) sold in the store was 2 weeks old.
   그 가게에서 팔린 그 우유는 2주나 지난 거였어.
   ④ The bread that I had was spoiled.
   내가 먹은 그 빵은 상했어.
   - 형용사절 안에 자체적인 주어(I)와 동사(had)가 있으므로 생략할 수 없다.

3~4. 〈해석〉
내가 가진 인간관계 중 가장 쉬운 종류는 10,000명과의 관계였습니다. 가장 힘든 인간관계는 지금 저와 함께 사는 사람과의 관계입니다.

한 꼬마 소년이 아버지에 의해 잠자리로 보내졌습니다.
(＊우리말 어법에는 맞지 않지만, 학습 편의상 수동태 표현을 영어식 서술체로 그대로 직역했으니 이해하길 바란다.)
침대로 보내진 소년은 목이 말랐어요.
[5분 후에]
"아-빠-…"
"뭐?"
"나 목이 말라요. 주방에 있는 물 한 잔만 좀 갖다 줄 수 있어요?"
"안 돼. 너는 그럴 기회가 (잠자리에 들기 전에) 있었잖아. 네가 가진 기회는 5분 전이었어. 불 꺼."
[5분 후에]
"아--빠-----…"
"뭐?!"
"나 목말라요. 주방에 확실히 있는 물 한 잔만 좀 마셔도 되요?"
"말했잖니, 안 된다고! 너 또 물어보면 엉덩이 맴매해줘야겠다!!"
[5분 후에]
"아----빠-------… "
"뭐??!!"
"나 맴매하러 올 때 주방에 틀림없이 있는 물 한 잔만 좀 갖다 줄 수 있어요?"

4. • the boy (who is) sent to bed is
   • a drink of water (that is) in the kitchen
   • a drink of water (that is) surely in the kitchen
     [또는 a drink of water (that is) in the kitchen surely]
   • a drink of water (that is) definitely in the kitchen
     [또는 a drink of water (that is) in the kitchen definitely]

5~6. 〈해석〉
정신병원에 있는 환자들 중 한 명이 욕조에서 자살을 시도하는 다른 환자를 빼내서 구했다는 얘기를 들은 후에, 목숨을 구한 그 환자의 파일을 검토한 그 병원의 원장이 그를 사무실로 불러들였다.

"Harold 씨, 당신의 건강 상태 기록과 당신의 영웅적인 행동은 당신은 이제 집으로 돌아가도 되는 상태임을 알려주고 있군요(당신의 건강 상태 기록과 당신의 영웅적인 행동을 보니 퇴원하셔도 될 것 같습니다.). 단지 유감인 건 당신이 구했던 그 남자가 나중에 밧줄로 목을 매서 자살해 버렸다는 거죠." Harold 씨가 대답했다. "아, 그는 자살하지 않았어요. 제가 그 사람을 말리라고 매달아 놓은 거예요."

5. ②, ③, ⑥번에 나온 관계사 이하 절이 앞에 나온 명사, 즉 선행사(②→the patients, ③→the hospital director, ⑥→the man)를 각각 꾸며 주고 있다.

6. ⑥번은 관계사 이하 절에 자체적인 주어(you)와 동사(saved)가 있으므로 생략할 수 없다.

7. 명사 앞에 형용사를 쓸 수 있으며, 명사 뒤에 형용사절과 전치사구(전치사+명사)를 쓸 수 있다.

Reading & Writing Practice

1. 네가 돌아와야 할 시간이 다가오고 있어.
2. 네가 기억하고 있는 이름은 내가 기억하고 있는 이름과 다른데.
3. 저기에 서 있는 남자를 누가 아나요?
4. 나는 우리가 예전에 방문하곤 했던 그곳에 갔다.
5. 그게 시작하는 시간을 저에게 말해 주세요.[그게 언제 시작하는지 저에게 말해 주세요.]
6. You are the person who(m) I am looking for.
7. The private talk that we had is a secret.
8. It was the happiest moment that I had in my life.
9. I found my wallet that I lost yesterday.

Lecture 11
명사 자리에 문장 (=명사 역할을 하는 문장) 쓰기

Grammar Check

1. 명사절을 주어로 쓰기(명사절의 주격 용법), 명사절을 know, see, understand 등과 같은 동사의 목적어로 쓰기(명사절의 목적격 용법), 명사절을 전치사 뒤에 쓰기(명사절의 전치사 목적격 용법)

2. - 명사절의 시작을 알리는 단어들: when, where, who, whom, whose, why, which, what, how, that (참고로, 강의에서 배운 이 열개 외에도 whether와 if도 있으니 알아둘 것.)
   - 그중 생략해도 전체 내용에 손상을 주지 않는 단어: that (이유: that은 해석할 뜻이 없으므로 생략해도 전체 내용에 지장을 주시 않는다.)

〈참고 예문〉

I know when he comes.
나는 그가 언제 오는지 안다.

I know where you are going.
나는 네가 어디로 가고 있는지 안다.

I know who did it.
나는 누가 그것을 했는지 안다.

I know whom you like.
나는 네가 누구를 좋아하는지 안다.

I know whose book it is.
나는 그것이 누구의 책인지 안다.

I know why he did it.
나는 그가 왜 그것을 했는지 안다.

I know which you chose.
나는 네가 어느 것을 택했는지 안다.

I know what happened.
나는 무슨 일이 일어났는지 안다.

I know how he did it.
나는 그가 어떻게 그것을 했는지 안다.

I know (that) the answer is 'A'.
나는 그 답이 'A'라는 것을 안다.

I don't know whether it is true or not.
나는 그것이 사실인지 거짓인지 모른다.

I don't know if it is true or not.
나는 그것이 사실인지 거짓인지 모른다.

Comprehension Quiz

1. ② **2.** ① **3.** ② **4.** ② **5.** They can because they think <u>they can</u>. – Virgil –

People say <u>that love makes time pass and time makes love pass</u>. (French proverb)

A friend was in front of me coming out of the church one day, and the preacher was standing at the door as he always is to shake hands. He grabbed my friend by the hand and pulled him aside.
Then the pastor said to him, "You need to join the Army of the Lord!"
My friend replied, "I'm already in the Army of the Lord, Pastor."
The pastor questioned him, "How come I don't see you except at Christmas and Easter?"
He whispered back, "I'm in the secret service."

6. 그 목사님은 그에게 주님의 군대에 입대할 필요가 있다고[입대해야 한다고] 말했다. **7.** ③ **8.** ④

1. 문장을 전문 문법 용어로 '절'이라고 한다. '절'은 '주어와 동사'를 포함하고 있는 것이 특징이다.

2. ①나는 네가 내 생일 파티에 참석할 거라 기대하고 있었어.
   - 'that' 대신에 긴 문장을 써서 가장 구체적인 내용을 전달하고 있다.
   ②나는 늘 그렇듯이[평상시처럼] 기대하고 있었어.
   ③나는 그 결과를 기대하고 있었어.
   ④나는 널 기다리고 있었어.

〈해석〉
나는 그것을 기대하고[기다리고] 있었어.

3. 명사 that 대신 그 자리에 문장을 쓰면 명사 문장(=명사절)이 된다. 명사절은 명사와 마찬가지로 문장에서 '주어' 또는 '목적어'로 사용된다.
   ②Did you know he came? 그가 온다는 것을 알고 있었니?
   - 명사절

〈해석〉
너는 그것을 알고 있었니?

4. ①명사절 that 이하가 'see'의 목적어로 쓰였다.
   ②형용사절 that 이하가 'the book'을 꾸며 주고 있다.
   ③명사절 that 이하가 'knew'의 목적어로 쓰였다.
   ④명사절 that 이하가 'thinks'의 목적어로 쓰였다.

〈해석〉
①사람들이 요즘 캠핑 가는 것을 좋아하더군요.
②그는 그가 빌린 책을 복사했어요.
③그런 일이 생길 줄 누가 알았겠어요?
④그녀는 내가 그걸 했다고 생각해요.

5. Virgil의 말에서 'they can'이란 절(명사절)은 동사 think의 목적어로 쓰였으며, 프랑스 속담에 있는 that 이하의 절(명사절)은 동사 say의 목적어로 쓰였다.

*the secret service: 비밀정보부, 특히 미국 대통령의 신변 경호를 책임지는 '비밀경호국'

〈해석〉
할 수 있다고 생각하기 때문에 할 수 있는 것이다. - Virgil -
사람이 말하길 사랑은 시간이 지나가게 하고 시간은 사랑이 지나가게 한다고 한다. (프랑스 속담)

어느 날 한 친구가 교회를 나오면서 내 앞에 있었어요. 목사님은 늘 그렇듯이 악수를 하기 위해서 문 앞에 서 있었고요. 그는 내 친구의 손을 잡더니 한쪽으로 데리고 갔어요. 그리고 나서 목사님은 그에게 말했습니다. "성도님은 주님의 군대에 입대하셔야 해요!"
(그러자) 내 친구가 답하기를, "저는 이미 주님의 군대에 복무 중인데요, 목사님."
목사님은 그에게 물었다. "그런데 어째서 저는 성탄절과 부활절을 제외하고는 성도님을 뵐 수가 없지요?"
친구가 속삭이기를, "저는 경호실[비밀경호국]에 근무하거든요."

7. 시제를 일치시켜야 한다.
My friend replied(과거) that he was(과거) already in the Army of the Lord.

8. 시제를 일치시켜야 한다.
He whispered(과거) back that he was(과거) in the secret service.

Reading & Writing Practice

1. 나는 그들이 새로운 날짜를 정했다고 들었어요.
2. 나는 그녀가 지금 어디에 있는지 알아요.
3. 나는 네가 그와 함께 걸어가고 있는 것을 보았어.
4. 이런 일이 생길 줄 누가 알았겠어요?
5. 나는 영어가 SVO 언어라는 것을 배웠어요.
   * SVO language: 주어(S), 동사(V), 목적어(O)의 어순을 가진 언어라는 뜻.
6. He said that he was going to quit.
7. I noticed that it was you.
8. I clearly know when I should start.
9. I see that my English is improving.

Lecture 12
명사절을 만드는 방법

Grammar Check

1. 명사+동사+명사 / 전치사+명사
2. (1) (=He did that I did.) 그는 내가 했다고 했어. (내가 어떤 일을 했다고 보고를 하거나 알리는 일을 했다는 뜻.)
   cf. He did what I did. 그는 내가 한 것을 했어. (내가 한 행동을 그대로 따라했다는 뜻.)
   (2) (=They said that I said.) 그들이 내가 말했다고 말했어. (내가 말했다는 사실을 누군가에게 말했다는 뜻.)
   cf. They said what I said. 그들은 내가 말한 것을 말했어. (내가 말한 내용을 그대로 말했다는 뜻.)
   (3) (=I saw that you saw.) 나는 네가 본 걸 봤어. (네가 보던 모습을 봤다는 뜻.)
   cf. I saw what you saw. 나는 네가 본 것을 봤어. (네가 본 것과 똑같은 것을 봤다는 뜻.)
3. that은 해석할 뜻이 없으므로 빼도 내용에 지장을 주지 않는다. 그러므로 단어를 조금이라도 줄여서 빨리 말하고자 할 때 빼거나, 또 글을 쓸 때에도 정식이 아닌 약식의 뉘앙스를 전달하고자 할 때 뺀다.

Comprehension Quiz

1. ② 2. ④ 3. ③ 4. ① 5. ② 6. I hope that students learn new grammar from this book that I am writing and publishing. - HAN, IL - 7. ③
8. ② 9. ④

1. *have no choice: 다른 선택권이 없다[달리 방법이 없다]
   〈해석〉
   난 네가 다른 선택권이 없었다는 것을 이해해[난 네가 달리 방법이 없었다는 것을 이해해].
2. *move out: 이사를 나가다

① He said that he should move out.
   그는 이사를 나가야 한다고 말했어.
② He said why he should move out.
   그는 왜 이사 나가야 하는지 말했어.
③ He said when he should move out.
   그는 언제 이사 나가야 하는지 말했어.
④ He said which he should move out. (×)

3. I told you that I was right.
   내 말이 맞다고[옳다고] 너한테 말했잖아.

4. ① 형용사절 why 이하가 명사 'the reason'을 꾸며 주고 있다.
   ② 명사절 where 이하가 동사 'know'의 목적어로 쓰였다.
   ③ 명사절 when 이하가 동사 'tell'의 목적어로 쓰였다.
   ④ 명사절 how 이하가 동사 'learned'의 목적어로 쓰였다.
   〈해석〉
   ① 그것이 그가 그것을 멈춘[중단한] 이유다.
   ② 나는 네가 어디에 있었는지 알고 싶어.
   ③ 그것이 언제였는지 나한테 말해 봐.
   ④ 나는 문장을 어떻게 쓸 수 있는지[쓰는지] 배웠다.

5. 예)
   간단한 문장 만들기: I like this book.
   → 명사절의 시작을 알리는 단어들 중 한 단어를 선택하기: why
   → 명사절의 시작을 알리는 단어를 문장 앞에 쓰기: why I like this book
   → 명사절을 문장의 주어로 쓰기: Why I like this book is obvious.
   또는, 명사절을 문장의 목적어로 쓰기: Do you know why I like this book?

6. 'I hope that students learn new grammar from this book that I am writing and publishing.' 문장에서 앞의 that 이하는 동사 'hope'의 목적어로 쓰인 명사절이고, 뒤의 that 이하는 'this book'을 꾸며 주는 형용사절이다.
   〈해석〉
   나는 내가 쓰고 출판하는 이 책에서 학생들이 새로운 문법을 배우기를 희망합니다. - 한일 -

7. I like that they give a discount for us.
   - 'that'은 해석할 뜻이 없이 명사절의 시작을 알리는 기능만 하므로 빼도 문장 전체의 의미에 아무런 지장을 주지 않는다.
   〈해석〉
   그들이 우리에게 할인을 해 준다는 것이 맘에 들어.

8. ① how 이하는 동사 wonder의 목적어로 쓰인 명사절이다.
   ② why 이하(Why they cancelled it suddenly)는 전체 문장의 주어로 쓰인 명사절이다.
   ③ that 이하는 동사 remember의 목적어로 쓰인 명사절이다.
   ④ that 이하는 동사 say의 목적어로 쓰인 명사절이다.
   〈해석〉
   ① 내가 이것을 어떻게 먹어야 하는지 궁금해요.
   ② 그들이 왜 그것을 갑자기 취소했는지는 알 수 없다[모른다].
   ③ 내가 더 이상 그들의 말[뜻]을 지지[찬성]하지 않는다는 거 기억 안 나?
   ④ 네가 거기 있었다고 말했니?

9. ① that 이하가 동사 'say'의 목적어로 쓰인 명사절이다.
   ② that 이하가 동사 'is'의 보어로 쓰인 명사절이다.
   ③ 'What we have done(우리가 한 일)'이 문장의 주어로 쓰인 명사절이다.
   ④ that 이하(that can change the world)가 앞에 있는 'a great idea'를 꾸며 주는 형용사절이다.
   〈해석〉
   ① 삶은 나에게 일어나는 일의 10%와 내가 거기에 반응하는 90%로 되어 있다.
   ② 미래의 가장 좋은 점은 그것이 한 번에 하루씩만 온다는 점이다.
   ③ 우리가 한 일은 언젠가 우리에게로 돌아올 것이다.
   ④ 누구나 다 세상을 바꿀 수 있는 위대한 생각을 가지고 있다, 하지만 소수만 그것을 사용할 뿐이다.

Reading & Writing Practice

1. 저는 그것이 필요하다고 생각해요.
2. 왜 내가 그것이 필요한지 말할 수는 없어요.
3. 내가 언제 그것이 필요한지도 말할 수 없어요.
4. 하지만, 언제 내가 그것이 필요한지는 중요해요.
5. 당신은 내가 무엇이 필요한지 알고 있죠.
6. She said that she was there.

7. We knew where she was.
8. We also knew why she was there.
9. Why she was there surprised us.

Lecture 13
'가정하는 방법 = 가정법'

Grammar Check

1. if
2. F
3. 현실적으로 가능한 상황, 불가능한 상황, am/are/is, were
4. 이유는 두 가지다. 첫째, 현실적으로 불가능한 상황을 강조하기 위해서 현실적으로 불가능한 문법을 쓰는 것이다. 둘째, 현재의 불가능한 상황을 가능하게 만들 수 있는 방법은 과거로 돌아가서 다시 시작하는 방법밖에는 없다. 그래서 과거로 돌아갈 수 있을 수 있으면 좋겠다는 바람을 과거 시제를 써서 나타내는 것이다.

Comprehension Quiz

1. ③ 2. ① 3. ④ 4. ④ 5. ② 6. ③ 7. (1) 네가 비가 올 거라고 생각한다면 (비가) 올 거야[만일 네 생각에 비가 올 것 같으면 그렇게 될 거야]. (2) 만일 그녀가 내 말을 들었더라면 그녀는 그녀가 원하던 것을 얻을 수 있었을 텐데.

1. ① 가정법 현재
   ② 가정법 현재
   ③ 가정법 과거
   ④ 가정법 현재
   〈해석〉
   ① 만일 네가 그것을 좋아한다면…
   ② 만일 그들이 그것에 대해서 안다면…
   ③ 만일 내가 지금 돈이 있다면…
   ④ 만일 그것이 20달러 보다 적다면…

2. ① If you want to get it, you ~~should have tried~~ harder.
   → If you want to get it, you should try harder. (네가 그것을 얻고 싶다면, 너는 더 열심히 노력해야 해.)
   - if절(종속절)의 동사 시제와 주절에 있는 동사를 일치시

켜 현재형으로 바꿔야 한다(가정법 현재).
   〈해석〉
   ② 만일 내가 그와 같다면, 나는 참 행복 할 텐데.
   ③ 만일 네가 피곤하면, 너는 여기서 쉬어도 돼.
   ④ 만일 내가 일본말을 읽을 수 있으면, 나는 이 책을 살 텐데.

3. ①,②,③번은 가정법 현재형이고,④번만 가정법 과거형이다.
   〈해석〉
   ① 나는 그렇다고 말할 거야, 만일 네가 지금 물어본다면 말이야.
   ② 우리는 그들을 만날 수 있어, 만일 그들이 정시에 온다면 말이야.
   ③ 나는 여기에 머물러야 해, 만일 비가 온다면 말이야.
   ④ 너는 이길 거야, 만일 네가 지금 시작할 수 있다면 말이야.

4. ③ If she were here, she ~~will~~ see this.
   → If she were here, she would see this. (만일 그녀가 여기에 있다면 이걸 볼 텐데.)
   〈해석〉
   ① 만일 내가 너라면 나는 그런 식으로 일하지 않을 거야.
   ② 만일 내가 너라면 너는 나를 이해할 거야.
   ④ 만일 우리가 같은 그룹에 있다면 우리는 일을 더 잘 할 수 있을 텐데.

5. ①,③,④번은 가정법 현재형이고,②번은 가정법 과거형이다. 문장의 주절 'I could have more free time.(나는 더 많은 여유 시간이 있을 텐데.)'을 보면 가정법 과거형으로 쓰였음을 알 수 있다. 종속절인 if절에 들어갈 말도 가정법 과거형에 맞는 것을 찾으면 된다.
   〈해석〉
   ① 만일 내가 (현재까지) 그 도구를 사용했다면
   ② 만일 내가 너와 일을 하고 있다면
   ③ 만일 내가 바쁘지 않다면
   ④ 만일 내가 그것을 좀 더 일찍 끝낸다면

6. ①,②,④번은 과거 사실의 반대를 나타내는 가정법 과거완료형이고,③번은 현재 사실의 반대를 나타내는 가정법 과거형이다.
   〈해석〉
   ① 만일 내가 그것을 알았더라면 나는 너에게 말할 수 있었을 텐데.
   ② 만일 네가 나를 사랑했더라면 너는 나에게 그와 같은 일

하지 않았을 텐데.

③ 만일 내가 시간이 조금 더 있다면 나는 그걸 검토해서 너에게 보낼 수 있을 텐데.

④ 만일 그가 충분한 돈을 모았다면 그는 나에게 빌려 줬을 텐데.

7. ① 가정법 현재 (현재나 미래에 있을 수 있는 일)
② 가정법 과거완료 (과거 사실의 반대)

〈해석〉

① 만일 네 생각에 비가 올 것 같으면 그렇게 될 거야.
② 만일 그녀가 내 말을 들었더라면 그녀는 그녀가 원하던 것을 얻을 수 있었을 텐데.

Reading & Writing Practice

1. 만일 당신이 영수증을 가지고 있다면 우리는 그것을 환불해 줄 수 있어요. (가정법 현재)
2. 만일 그들이 내가 그것이 필요하다는 걸 안다면 그들은 나를 도와줄 거예요. (가정법 현재)
3. 만일 내가 그녀가 지금 어디에 있는지 안다면 나는 너에게 말해 줄 텐데. (가정법 과거)
4. 만일 나에게 충분한 돈이 있다면 나는 너에게 빌려줄 텐데. (가정법 과거)
5. 만일 내가 너라면 나는 걱정하지 않을 텐데. (가정법 과거)
6. If you like it, you can stay.
7. If it is expensive, I will not buy.
8. If it were close, I could go.
9. If it were today, I could go with you.

Lecture 14
가장 많이 쓰는 단어 'the'

Grammar Check

1. T
2. F
3. T
4. 발명품이 세상에 공개되는 초기에는 그 특이함, 영향력 그리고 희귀함 때문에 저절로 강조의 색깔을 가진다. 예를 들어, 컴퓨터, 냉장고, TV, 전자레인지 등이 그러하다. 따라서 이때에는 정관사 'the'를 쓰는 것이 자연스러울 수밖에 없다. the computer, the refrigerator, the TV, the microwave (oven) 등 모두 초기에는 강조의 'the'가 붙어서 세상에 알려진 것들이다. 그런데, 시간이 지나면서 사람들은 그 발명품에 적응하게 되고, 또 대량으로 그 발명품이 상품화되어서 우리 손에 흘러 들어오게 되면 초기에 가졌던 그 놀라움과 희귀성은 줄어들게 된다. 초기에는 가지기 힘들었던 그 발명품이 시간이 지나면서 누구나 소비할 수 있는 단계에 들어오는 것이다. 어디에 가나 볼 수 있고 몇 개씩 가게에 진열돼 있기도 하면서 쉽게 살 수 있는 단계에 접어들게 되면 이제는 한두 개 사는 것은 그다지 힘든 일이 아니다. 이 단계에서 부정관사 a[an]를 붙이게 되었다. 그래서 지금은 the를 붙이는 것 외에도 a computer, a refrigerator, a TV, a microwave 또는 two computers, two refrigerators, two TVs, two microwaves라고 말할 수 있는 시대가 되었다.

마찬가지로 악기도 같은 개념에서 보면 된다. 피아노가 1706년에 최초로 만들어졌을 때에는 단지 몇 대밖에 없는 (그것도 이탈리아에만 있었던) 희귀한 악기였다. 그러나 지금은 그 수가 전 세계에 헤아릴 수 없을 만큼 많아졌다. 이제는 the piano 외에도 a piano, two pianos라고 말할 수 있게 되었다.

5. F
6. T
7. F
8. T
9. T
10. T

Comprehension Quiz

1. ④ 2. ② 3. ④ 4. ② 5. ③ 6. ① 7. ③
8. ④, ⑤, ⑥

1. the 자체가 관사이므로 또 다른 관사 앞에 겹쳐 쓸 수 없다.
2. A: 시청(공공의 개념, 서로 알고 있는 것)이 어디에 있나요?
B: 광장(공공의 개념, 서로 알고 있는 것) 근처에 있어요. 거기에 가려면 지하철(공공의 개념, 서로 알고 있는 것)을 타

야 해요.

3. A: 이 지역 주변에 공원이 하나 있는 걸 봤는데.
   B: 네, 하나 있어요.
   A: 그 공원(앞에서 말한 그 공원, 여러 사람이 공공의 목적으로 사용하는 그 공원, 당신을 포함해서 나와 다른 사람들이 모두 알고 있는 그 공원)에 어떻게 가는지 알아요?

4. ①발명품 - 서로 알고 있거나 앞에서 언급된 것
   ②포유류 통틀어 말하기 - 조류 통틀어 말하기
   ③악기 - 기타라는 악기
   ④학교라는 공공의 개념 - 운동장이라는 공공의 개념

5. 최상급 앞에는 the를 써서 강조한다.
   〈해석〉
   이 도시에서 가장 유명한 곳은 어디인가요?

6. 피아노는 일상적으로 쓸 수 있는 물건이 되었으므로 a piano, pianos, the piano, the pianos라고 할 수 있다.

7. A: 뭐라고?
   B: 그(강조) 우승자가 너야.
   A: 진짜?
   B: 그래. 그(강조) 우승자가 너라고.

8. Whenever I listen to the music(강조, 서로 알고 있는 것, 공공의 개념), it reminds me of the day(강조, 서로 알고 있는 것) that I met you. I will never forget the time(강조, 서로 알고 있는 것) that I spent with you.

Reading & Writing Practice

1. 에베레스트산은 세계에서 가장 높다.
2. 나는 노래를 하나 알아요. 그 노래가 제가 잘 부를 수 있는 유일한 노래예요.
3. 여기에서 공항까지 가는 데 얼마나 오래 걸리나요?
4. 공원이 어디에 있는지 아세요?
5. 예문들을 외우는 것이 중요해요.
6. The new invention will shock the world.
7. I know that you can play the piano.
8. This is the tallest building in the city.
9. He had a question. I could answer the question.

Lecture 15
'do'에서 발생한 문법

Grammar Check

1. 반복적인 사용을 피하기 위해서이다.
   〈예〉
   I (do) like it. I (do) play it. I (do) watch it.
   He (does) like it. He (does) play it. He (does) watch it.
   I (did) like it. I (did) play it. I (did) watch it.
   위의 예처럼 do, does, did를 늘 써 주면 너무 많이 반복되는 현상이 생긴다. 그래서 현재형의 음소 (phoneme) -(e)s와 과거형의 음소 -(e)d만 남기고 생략하게 된 것이다.

2. 강조할 필요가 있을 때 do, does, did를 다시 사용한다. 상대방에게 대답을 끌어내야 하는 '의문문', 어떤 사실을 부정하는 '부정문', 그리고 특정 행동을 강조하는 '강조문'은 모두 '일반문'보다 그 어감이 중요하고 강하다. 그래서 이 세 가지 '의문문', '부정문', '강조문'에서는 do, does, did를 빼지 않고 써 준다.

3. (do)es에서 (do)를 생략하고 남은 -(e)s이다. 이 음성(음소)을 동사 뒤에 써 줌으로써 (do)es와의 관계를 알려 준다.
   • She (do)es go there after class.
     → She -es go there after class.
     → She goes there after class
   • Does she go there after class?
   • She does not go there after class.

Comprehension Quiz

1. ② 2. ④ 3. ④ 4. ② 5. ④ 6. ③ 7. I do want my students to learn practical grammar from this book, and I do hope that they do have a better chance to be successful in their test as well as in their future plans. 8. (1) You do have time. (2) Do you have time? (3) You do not have time.

1. do 동사 + 일반 동사 원형 (강조)
   ②She does says it. → She does say it.

⟨해석⟩
①나는 정말 그걸 좋아해요.
③그들이 정말로 그걸 샀어요.
④네가 확실히 그걸 알잖아.

2. do, does, did는 의문문, 부정문, 강조문을 만들 때 사용한다.

3. ①의문문
②의문문
③부정문
④do를 일반 동사로 사용한 평서문

⟨해석⟩
①너 거기에 갔었니?
②그들이 오니?
③나는 그걸 이해 못하겠어.
④나는 숙제를 할 거야.

4. do 동사, 즉 do, does, did를 모든 평서문에서도 사용하면 너무 많이 반복되므로 의문문, 부정문, 강조문에서만 제한적으로 사용한다.

5. ④They do think do they know it. (X)
→ They do think they do know it. (O) (그들은 정말 그들이 확실히 그걸 알고 있다고 생각한다.)

⟨해석⟩
①너는 그것을 자주 하니?
②그가 무엇을 했는지 말했니?
③그녀는 그들로 하여금[그들이] 그걸 하게 만들었어[했어].

6. ①, ②, ④번은 do가 의문문을 만드는 데 쓰였으나, ③번은 '하다'라는 뜻의 일반 동사 원형으로 쓰였다.

⟨해석⟩
①너 뭐라고 그랬니?
②그가 올 거라고 생각하니?
③너 그것을 할 수 있니?
④그녀는 자기가 뭐라고 생각하는 거니?

7. 강조: do + 일반 동사의 원형

⟨해석⟩
나는 나의 학생들이 이 책에서 실용적인 문법을 배웠으면 정말 좋겠고, 또한 나는 그들이 자신의 장래 계획에서뿐만 아니라 시험을 볼 때에도 좋은 결과를 얻을 수 있는 더 좋은 기회를 꼭 가지길 정말로 바란다.

8. ⟨해석⟩
(1) 너는 정말로 시간이 있어.
(2) 너 시간 있니?
(3) 너는 시간이 없다.

Reading & Writing Practice

1. 그는 정말로 또 시간을 바꾼다. (강조문)
2. 네가 그렇게 말했니? (의문문)
3. 그들은 그것을 팔지 않아요. (부정문)
4. 우리는 정말로[확실히] 이 강의[강좌]에서 배웠어요. (강조문)
5. 그걸 정말로[확실히] 너 혼자서 썼다는 걸 그들이 알아? (강조문)
6. I do know her.
7. Did you make it?
8. It does help.
9. They do not have it.